福の神の作り方

パチスロ馬鹿が教える
お金不要の投資と貯蓄

てつ

ユーチューバー／1GAME 代表

はじめに

「遂に『YouTuber』が1位！不動の『プロサッカー選手』を追い抜く。」

2019年12月に発表された小学生の「将来つきたい職業ランキング」（学研ホールディングス『小学生白書Web版（同年8月調査）』）において、1989年に同調査を始めて以来、初めて男子のつきたい職業1位が「YouTuberなどのネット配信者」となったといいます。

ユーチューバーが1位になった理由については言及されていませんが、一般的に言われている「好きなことをやって生きて（食べて）いける」こと、そして特に資格などを必要としないので「誰でも簡単になれる」ことが挙げられるでしょう。

これに対して、**「いやいや、ユーチューバーだってそんなに甘いもんじゃないよ！」なんて言うつもりは、まったくありません。**だって僕自身、好きなパチンコ、パチスロをやって簡単にユーチューバーにはなれたのですから。

ユーチューバーに誰でもなれるのは事実です。ただ、それで生きていく、職業として食べていくとなると、それは簡単なことではないのもまた事実。

そこで、動画コンテンツの立ち上げ手順や登録者数を増やす方法、利益の出し方まで、赤裸々に公開させていただいたのが、前著『パチスロ馬鹿が動画配信を始めたら再生回数が1億回を超えました』（ワニブックス）でした。

おかげさまでＡｍａｚｏｎ「本」売れ筋ランキング総合1位を獲得するなど、大変好評をいただきました。この場でお礼申し上げます。ありがとうございました。

前著では、ユーチューバーとして一応、上手くいった僕の実例からそのメソッドを余すところなく紹介しましたが、もちろん誰でも成功するというわけではありません。

ビジネスとして上手くいかない理由を考えてみると、形としてのメソッドそのものよりも、その背骨となるマインド、考え方が重要だということに気が付きました。

成功するためには、すべての行動の指針となる「哲学」を明確にしたほうがいいだろうと思い立ち、2020年2月より、オンラインサロン『遊び人ギルド』を始動させました。

番組制作の裏側はもちろん、「1GAME（ワンゲーム）のてつ」というキャラクターの「中の人」が何を考え、何を目指していくのかを明らかにしていっています。

サロンの中でもお話ししていますが、人間というのは、ほんのちょっと考え方を変えるだけで、いろいろなことができるようになります。それは本当です。パチンコ、パチスロが好きなダメ人間である僕が、今ではＹｏｕＴｕｂｅ関連のお仕事だけで（組織として）年間1億円以上を売り上げているのがその証明となるでしょう。

僕自身、親が金持ちというわけではないし、正直言って学歴もゴミです。何か人よりもアドバンテージがあったわけでもありません。しかも20代で1回、体を壊していますし、ユーチューバーを始めたのも30代からで、おじさんから遅デビューです。だから、この僕でもできているのだから誰でもできる、そう思います。

やるか、やらないか――それだけです。

……と偉そうに言っていますが、僕が言っていることは当たり前のことばかりです。ただ、僕が〝当たり前〟だと思っていたことが、皆さんにとっては初耳のことだったりするのも意外とよくあります。

サロンでも、「これって当たり前のことだよね？」と話しても、「初めて聞きました」というメンバーの反応が多くて驚くことがしばしばです。

僕は読書が好きなので本をいっぱい読んで、いろんな人の言っていることを吸収しているつもりですが、多くの人がそうだとは限りませんもんね。

僕の現在の立ち位置が「成功者」かどうかはわかりませんが、ＹｏｕＴｕｂｅチャンネル『1GAME TV』のチャンネル登録者数は約56万人を突破し、僕を有名人、売れっ子として扱ってくれるところも増えています。

自己紹介的なこと、動画コンテンツの制作・配信の話などは前著の『パチスロ馬鹿が動画配信を始めたら……』で詳しく書いていますので、今回はオンラインサロンで話しているビジネス寄りの自己啓発の入門書みたいなものを書いてみたいと思いました。

具体的に僕の経験談、失敗談を多く取り入れて、「これだけはマジやめとけ」、「これをやっておけば本当に上手くいく」ということを、考え方の根っこの部分を大事にしながら伝えていければと思います。

すいません、パチンコ・パチスロの話はほとんど出てきません。

インターネット上でYouTubeなどの情報配信ビジネスを始めたいなという方には役に立つ心構えを満載しています。特に「何となくお金持ちになりたい」という方には必読の本になったと自負しています。

もちろん、ユーチューバーという枠に関係なく、**どんなビジネスにおいても普遍的に通用する心構え、考え方、哲学、行動指針をまとめています。**

「おわりに」で、生まれ変わった読後のあなたと再会することを期待しています。

福の神の作り方

パチスロ馬鹿が教える お金不要の投資と貯蓄

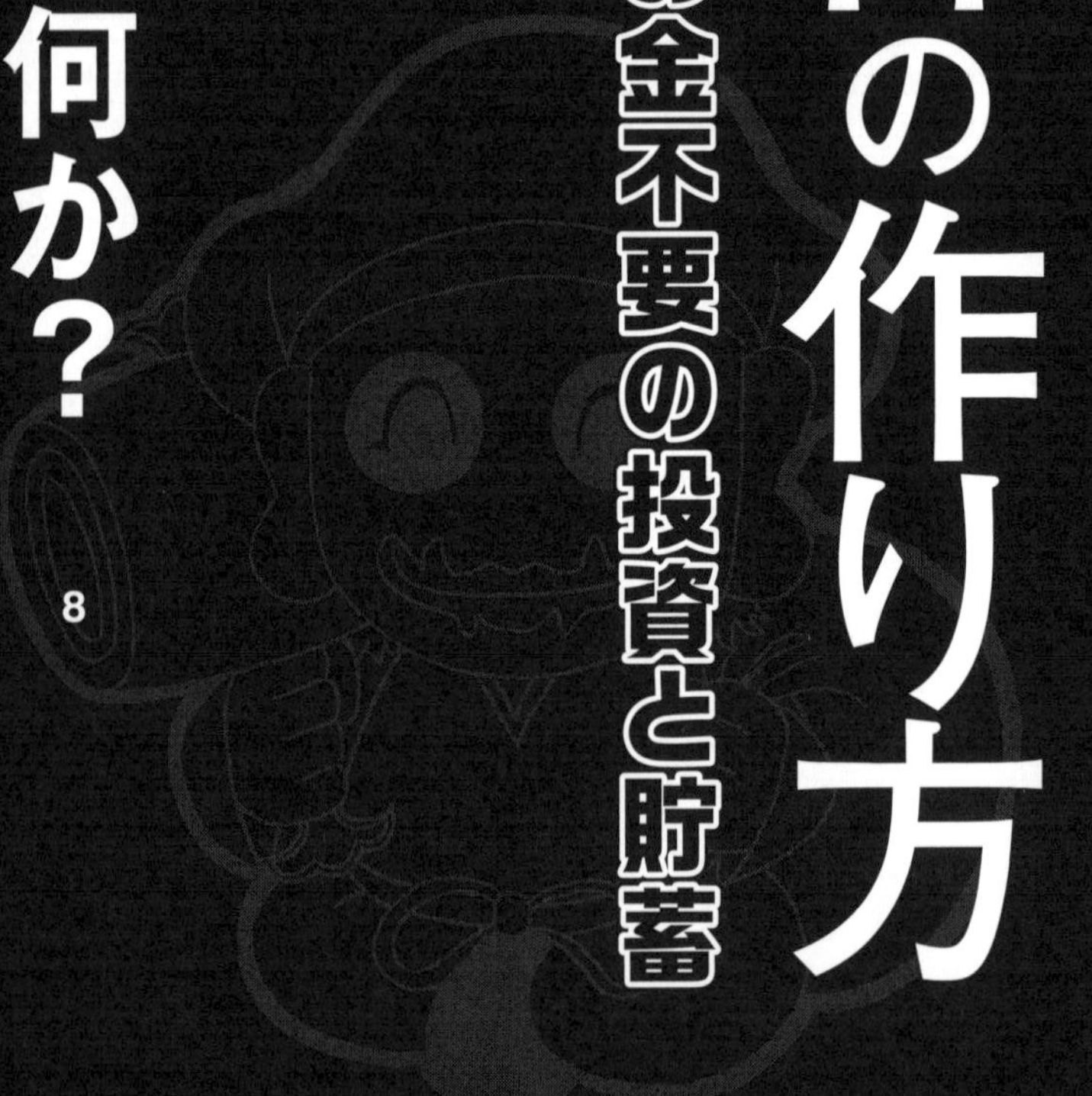

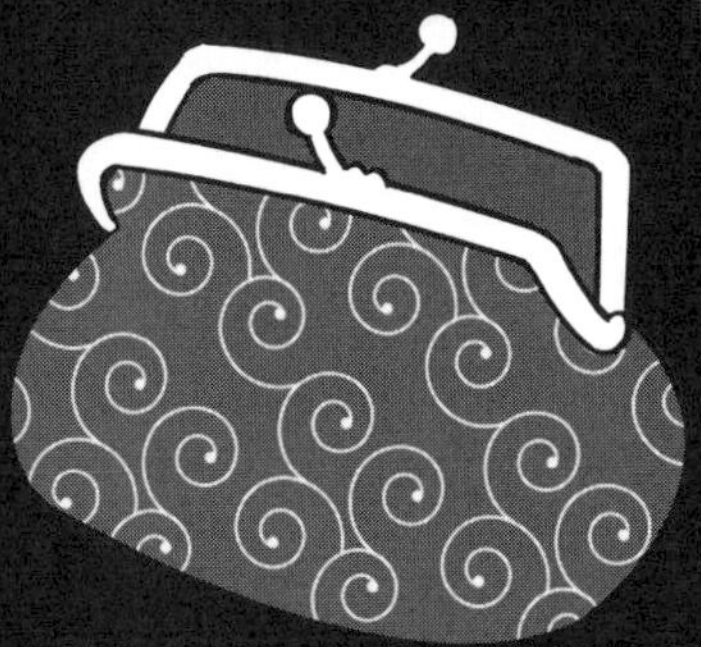

［第1章］

資産と投資とは何か？

「資産なんて持っていない」と勘違いしていませんか？　まずは「あなただけの資産」を知り、「正しい投資」を学んでいきましょう。

そもそも「資産」「投資」って何だ？

いきなり「資産」や「投資」という経済用語が出てきて、「もう読むのはや〜めた」なんて人はいないですよね？　ここでやめたら、ビジネスでの成功も、お金持ちになるという夢をかなえることもできなくなってしまいます。せっかくの最初の「投資」が水の泡になってしまうでしょう。

え？　まだ投資なんて始めていないって？　いやいや、そんなことはありません。**この本を買ったところから投資は始まっているのです**。

まず、「資産」についてお話ししていきましょう。

皆さんは、資産と聞いて何が頭に浮かびますか？　一般的には現金や預貯金などの金銭や、証券（株）、土地や建物といった不動産、車などを思い浮かべることでしょう。もちろん、その答えでも間違いではありません。

辞書的にいうと、資産とは「経済的価値がある有形無形の財産のこと」を指します。つまり、あなたの所有物で、いざとなれば現金化できるものすべてが資産です。さらに資産には、将来的に利益を生み出すことが期待されているものを含む場合もあります。

もし、「資産が欲しいか？」と聞かれたら、この本の読者のほぼ全員が「欲しい！」と答えることでしょう。では、何のために資産が欲しいのでしょう？

海外旅行に行きたい、事業を起こしたい、遊んで暮らしたい、1日中パチンコを打っていたい、まさかの老後資金にしたい……と、内容はともかく、スラスラと答えられるのならいいでしょう。でも、ほとんどの人が答えに詰まったのではないでしょうか。

資産とは、旅行でも事業でも遊びでも、自分がやりたいことをやるための「材料」です。やりたいことがなければ持っていても仕方ないですし、材料をいっぱい集めたところで有効活用しなければ意味はありません。

資産をどのように使うのかはおいておいて、まだ資産と呼ぶべきものを持っていないと思う方も多いことでしょう。

しかし、そんなことはありません。**実はすでにあなたはいくつもの目に見えない資産を持っています**。その資産とは何か、この章では説明していきます。

そして、その資産を増やしていく行為を「投資」といいます。まずは元手（お金）を必要としない投資の仕方と、資産の増やし方について学んでいきましょう。

「資産」とは目に見えるモノだけではない

最大の資産は「価値」

一般的に「資産」というと、お金や立派なお屋敷をイメージします。先祖代々、あるいは両親の世代から受け継いだ財産もあれば、一代で築き上げた財産もあるでしょう。こうした目に見える資産を持っているという人はほんの一握りです。

では、ごく普通の家庭に生まれ育った人間は何の資産も持っていないのでしょうか。

答えはＮＯです。資産は、そうした目に見えるモノばかりではありません。実はあなたそのもの、**つまり「人」が将来的に利益を生むかもしれない資産なのです。**

考えてみれば、仕事でもバイトでも、労働の対価として金銭を生み出していけるのですから、あなた自身が立派な資産だといえます。

しかし、その対価は人によって大きく違います。学生さんの時給と、ソフトバンクの孫正義さんの時給が同じなわけがありませんよね。

では、時給が違うのはなぜなのか？

それは、その人が持っている「価値」が違うからです。プロ野球選手を例に取るとわかりやすいでしょう。年俸として2～3億円もらっているスタープレーヤーがいる横に、年に1000万円ももらえない選手たちがゴロゴロいます。

年齢も勤続年数も関係ありません。そこにあるのは、チームにとって一番重要な価値である「勝利」にそれぞれの選手がどれだけ貢献できるかだけです。

年間に20勝を挙げられる力、3割5分を打てる力、ホームランを40本打てる力……そうした、チームの勝利の可能性を高める能力によって選手の「価値」が評価されて、それが年俸という数字に反映されます。

人間の持っている資産の中で一番に重要なものが、その人の「価値」であると僕は思っています。

では、それぞれの人の価値とは何でしょうか？

例えば、僕がある日突然、何らかの理由で自分の全財産——金融・実物資産を失ったとします。たまたま僕の家に隕石が落ちたとしましょう。それはもう想像を絶するくらいのショックを受けることでしょう。

それでも――。

僕は、金銭的な資産を復活させることはそれほど難しいとは思っていません。なぜなら、**それを生み出す〝僕という資産（＝価値）〟は失われていないからです。**野球選手の家が火事で全焼したからといって、その選手の価値が下がるわけではないのと同じです。

ここでいう価値とは、「希少価値」のこと。つまり、将来的に最も期待値の高くなる価値を得る手段として「代え（替え）の利かない存在になること」と、その価値を活かした「事業の権利」を手にすることが、とてつもなく重要だということが見えてきます。

そのために必要となるのが「投資」です。

価値を創造するための行動はすべて「投資」と「貯蓄」

今は僕自身に対して、ある一定の世間的な「価値」が認められているので、僕は何を失っても、僕さえいれば何とか再起は可能です。

例えば、僕が最近始めた仕事のひとつに、パチンコホールさん向けのコンサルタント業務があります。この仕事においては「信用」という要素は欠かせませんが、それを含めて、僕が1GAMEで培ってきた「価値」があるからこそ仕事として成立して、食べていくことができるのです。

そういう意味では、**「資産とは自分自身だ」**というのが僕の考えです。

そこで、自分の資産である価値を新たに作ったり、今持っている価値をさらに高めたりするために欠かせないのが、「投資」ということになります。

投資というと、どうしても株式投資や不動産投資など、自分の金融資産を他の資産と置き換えていく行為を想像しがちですが、**ここでいう投資とは「自己投資」、つまり自分の価値を創造するために使うお金や行動のすべてです。**

例えば、本を買ってきて新たな知識を身に着けていくことが、まさに自己投資のひとつの形です。世の中にはすでに成功を収めた人たちの言葉をまとめた本がいっぱい出ています。先人たちの言葉に真摯《しんし》に耳を傾け、たくさんの前例を学んでください。

この投資を有効にするかどうかは「貯蓄」にかかってきます。投資で得た知識や技術、経験は将来的にどのように役立つのかはわかりませんから、ただただひたすら貯めていくことが重要となります。

誰にも奪われない資産

経験と知識

自分が投資して貯蓄してきた知識やスキル、経験というのは、自分にしかない価値を形づくる最大の資産となります。これらは、一時的に忘れてしまうことがあっても、消えてなくなることはありません。ただし、もし僕が道端に落ちているバナナの皮でも踏んで滑って、頭を強打して完全に記憶喪失になってしまったら……僕が今まで投資して貯蓄してきた資産を一瞬のうちに消滅させることになってしまいます。

そうすると、仕事をしてお金を生み出してきた「1GAMEのてつ」としての価値は一気に失われることになりますから、それまで稼いできた金融資産などを食いつぶしていくか、知識もスキルも必要とされない低賃金の仕事をして生きていかなくてはいけません。

こうしたことからも、知識やスキル、経験というものは、自分の資産の価値を決定付ける重要な要素であり、それが賃金、収入と密接に結び付いていくものであることがおわかりになるのではないでしょうか（もちろん、記憶喪失になったら人としての価値がなくなるなんて言いたいわけではありません）。これらの資産は、お金などと違って人に預けられるものではありませんし、そもそも目に見えるものでもありません。もし僕が事故って何もわからなくなったり死んでしまったら、それで終わってしまう性質のものです。

逆説的にいうと、**僕が記憶や意識を失わない限り、今まで構築してきた経験や知識、スキルというのは、誰からも奪われたり盗まれたりするものではありません。**

他方で、経験や知識から作ってきたメソッドやノウハウというものは、盗まれたり真似されたりする可能性があります。それどころか、こちらから積極的に公表したり発信したりする場合すらあります。僕の前著もまさにそういう類いの本でした。

ただ、僕がメソッドやノウハウを披露したところで、僕の経験や知識などが誰かに奪われるわけではありません。逆に言うと、僕の経験や知識、スキルというものを誰かに伝承するのも容易ではないということでもあります。

これは、大きな資産を形成する上で非常に重要となるポイントです。

3

時間経過で必ず値上がりしていく資産

時間

年を取ると「1年が過ぎるのが速い」とよく言われます。僕も「この間まで夏だったのに、もう冬か～」なんて感じますので、もしかしたらその域にちょっと近づきつつあるのかもしれません。まあ同じ1年でも、10歳の子どもにとっては「人生の10分の1」というものすごい長さですが、40歳のオッサンにしてみれば「人生の40分の1」ですから、それは速くも感じるでしょう。また、人間である以上、いつかは死んでしまいます。個々人によって寿命は違いますが、いつまでもダラ～ッと生きていられるわけではないということを自覚しなくてはいけません。年を重ねるとそのことは切実に感じられます。織田信長は49歳で、坂本龍馬は33歳で、三沢光晴は46歳で亡くなっています。

実は「時間の価値」というのは、経過とともに変化していきます。いつ死ぬのかはわかりませんが、**人生の終わりに向かって一歩一歩、毎日確実に近づいているわけですから、時間の価値というのは絶対に値上がりしていく性質の資産です。**

時間の価値は、若い頃は凄まじく低いものです。僕の学生時代を思い返してみれば、「売れるなら売ってもいい」と思っていたくらい、時間が余りまくっていました。中には学業や部活、バイトなどで忙しい学生さんもいるでしょうが、若い頃は時間を浪費しがちです。しかし、社会人になると時間の貴重さ、ありがたさに気が付くようになるのではないでしょうか。時間を売るどころか、「1時間でも時間を買いたい！　そうすればもう少し眠れるのに……」と思う人がいっぱいいるはずです。

人生の残り時間からの逆算はできませんが、人生は一度きり、本人が体感する時間の価値は上がっていく一方です。特に40～60代になると、その人の価値に比例して、時間の価値もどんどん重くなっていきます。孫正義さんの1時間と僕の1時間は価値が違います。

何もしなくても、人生は有限ですから必ず時間は値上がりしていきます。そう考えると、1日中ボーッと過ごしているなんて、もったいなくてできません。それこそ時間の浪費です。時間は、日ごとに価値がどんどん上がっていくものだと肝に銘じておいてください。

価値が変動する不安定な資産

金融資産

「経験や知識、時間？　そんなものよりカネをくれ！」

そう思った方も多いかもしれませんね。でも、正直に言うと、お金というものは、あろうがなかろうが人生は大きく変わりありません。いやいや、ウソではありませんよ。だって、なくなったとしても、経験や知識などの資産があれば、また手に入れることができるのですから。それらはお金と違って、使ってしまえばなくなるというものではありません。

もちろん、お金があれば助かるものです。困った時に使えるし、何かやりたいことにも使えますよね。ただ、お金はいろんな要因で価値が変動するものだし、お金そのものに強烈な価値というのは存在しません。例えば、日本円をたくさん持っていたとしても、円の価値がずっと一定しているかといわれれば、そうではありません。日本という国家が破たんすれば、円という通貨は紙くずになってしまいます。また、同じ金額であっても、給料日前とその後、若い頃と死ぬ間際ではその価値は全然違うはずです。

いろんな意味でお金の価値は大きく変動するので、僕の正直な意見としては、あまりお金は意識しなくていいですし、皆さんがイメージしているよりも重要性が低いと思います。

どうしてこんなことが言えるのかというと、僕は20代の時にお金の価値を見誤って失敗したからです。僕の20代は、ただただお金を稼ぐことしか考えていなくて、自分が全然やりたくないことを鼻血が出るまで気合でやりました。その結果、十分なお金を得ることができましたが、それと引き換えにちょっと精神を病んでしまい、仕事も全部辞めて1年半ぐらいリタイアしてしまったのです。稼いだお金で何をしたかといったら、高価なものを買ったり、美味しいものを食べたり、少しの移動でもタクシーに乗ったりしていたぐらいで、それに本当に価値があったかというと、ぶっ倒れるほどの価値はなかったといえます。

お金がいっぱいあればいろいろできるだろう、幸せになるだろうと思っていましたが、全然そんなことはなくて、お金そのものが価値の本質ではないのだと思い至りました。

お金というのは、やることをやっていれば後から勝手に付いてくるもの。本当です。

基本無料で手に入る、使える資産

体力

当たり前に存在しているがゆえに、普段はそのありがたみに気が付かないものがいっぱいあります。空気がその代表的な例ですが、お日様やお月様だったり、両親の存在だったり、コンビニだったり、髪の毛だったり、挙げれば切りがありません。

若いうちは努力せずに手に入れていて、自分ではなかなか気が付きにくい資産の代表的なものとして、若くて健康な肉体と、それを動かしていく無尽蔵の「体力」があります。

体がちゃんと動いているうちは、体力のありがたみを意識することはあまりないでしょう。

体力は、基本無料で誰しもが持っている資産だということができます。

若いうちは体力資産に満ちあふれていますから、体力的にキツくてもギャラのいい仕事や、睡眠時間を削って複数の仕事をこなすことも不可能ではないでしょう。ちゃんとご飯を食べて寝てさえいれば、いつまでも動けるものです。そこで僕は20代の時、体力資産を使って金融資産を追い求めました。しかし、これは不正解だったのです。

僕も若い頃は2〜3日徹夜したところで全然平気でした。しかし、体というのは無料で使えるものすごい武器だなんて認識はまったくありませんでした。みんなそうですよね。

皆さんあまり深く考えていませんが、人間というものは加齢とともに衰えるものです。いくらやる気があったとしても、自分の意志ではどうしようもなくなることも出てきます。

あり余る体力がある若いうちは、連日のように遊び回ったり、オールで飲み歩いたりしがちです。いや、それがダメだとは言いません。遊ぶことは別にいいと思いますが、**「朝まで遊べるこの体力は、自分が持っている武器のひとつだ」と自覚してほしいのです。**

多くの人は、年を取って体に無理が利かなくなって、ようやくこの武器に気が付くものです。僕の場合は、20代で体を壊した時に気付きました。「この武器、ちゃんと使っときゃ良かったな。もっと有効活用していればあれもこれもやれたな」と後悔もしています。

体力というのは無料かつ非常に汎用性の高い資産です。逆に体力がなければ何もできません。この機会にその重要性を再認識してください。

投資の性質を持つ資産

影響力

一般的に投資といわれるものは、リスクを覚悟の上で利益の出そうな資産に乗り換えていく行為です。現金で株や不動産を買ったり、日本円をドルにして積み立てていったりと、資産の形を変えることで価値も変えていこうとするものです。

ただし、投資をしたからといって、必ずしも利益が生まれるわけではありません。株式投資を考えればわかりやすいですが、資産の価値は上がったり下がったりします。

これは人間でも同じで、価値を付けたことで急に伸びる人もいれば、低迷する人もいます。投資をしたからといって、必ずしも目に見える結果が出るわけではありません。例えば、「そろばんが得意」というスキルは数十年前は重宝された価値かもしれませんが、今の時代においてはその価値は以前より低いものといえるでしょう。

投資によって作った資産の中には、資産そのものが自分の価値を上げたり下げたりと、投資の性質を持っている場合もあります。**代表的なものが「影響力」と「発信力」です。**

例えば、テレビCMに俳優やアイドルなど、いわゆる有名人が起用されるのはなぜだと思いますか？　それは、その人に「影響力」があるからです。その人がテレビで「この商品はいい！」、「これ美味しい！」と言えば、「あの人が『いい』と言っているんだから、この商品を買ってみようかな」と思ってくれる層がいることでCMは成立します。

つまり、**ある人物が世間に対して何かひとつのアクションを起こした時に、どれだけの反響があるのかによって価値が生み出されます。**そして、その影響範囲が大きければ大きいほど、その価値は高くなっていきます。

今の時代、俳優やアイドルになるほどの才能やルックスはなくても、YouTubeなどのメディアを駆使することで有名になるハードルは下がってきました。

僕たち「1GAME」も、自分たちのメディアとしてYouTubeチャンネルを持って活動してきたことで、有名人の仲間入りをしたといえるでしょう。そのため、僕たちが持っているTwitterやInstagramに何かを書き込むと、その反響は自分たちが思った以上に大きなものとなっています。

例えば、何か商品の紹介をする場合でも、その広告効果というのは凄まじいものがあります。つまり、僕たちの発言やアクションに値段が付けられるということです。

僕が始めたオンラインサロン『遊び人ギルド』に関しても、これをビジネスモデルとして同じようなサブスク（サブスクリプション方式。定額制サービス）のオンラインサロンを始めたいという人がいれば、そのノウハウの対価としてお金を払ってくれます。

こうしたことは、5年前、僕らに何も影響力がない時であればあり得なかった話です。影響力がなければ、お金を払ってまで広告を載せたいと思う人がいないのは当然なのです。

発信力

今の時代においては、「影響力」と「発信力」、これはほぼ同じ意味だと思います。今の僕は影響力と発信力を持っているおかげで、いろんなことができるようになっています。

では、この影響力と発信力はどのようにして得ていくのかというと、これまで述べてきたように、すべて「投資」して手に入れるものです。

ただ、この「投資」を勘違いしている人が非常に多いのも事実です。わかりやすい例でいえば、ユーチューバー・デビューを目指す時に、動画撮影用に立派な機材を買ったり、いきなり広告を打つなど、**どういうわけか初期投資にお金をかける人が山ほどいます。**

まだビジネスになるのかどうかもわからない段階で、すでに赤字スタートです。中には100万円ぐらい投資をして高性能のカメラやソフトを買ってから始める人もいるようですが、ものすごい度胸です。それが回収できるのかすらもわからないのにやるなんて、僕には無理です。これは無謀以外の何物でもありません。投資ではなくギャンブルです。

もしも何かを始めるなら、最初は極力お金を使わないこと。前述の通り、無料の資産である「体力」があるのですから、金融資産ではなく、体力を投資に回すべきです。

お金を投資するとマイナスが生まれますが、体力は無料なので、どれだけ動いたってマイナスになりません。結果がダメダメでも常にゼロのまま、お金が減らないのです。

僕自身、最初の頃は物質的に何も持っていなかったので、会社が終わった時間や休みの日に動画の撮影や編集を行い、すべて体力だけで乗り越えていきました。体力を投資したおかげで基礎ができ、ようやく次のフェーズに進めたのです。実際、自前で持っていたのは数千円のマイクだけ。必要な機材はすべて他人から借りました。編集ソフトもフリーのものです。得られる収益が未知数なのに、最初から大切なお金を投じてはいけません。

貯蓄の性質を持つ資産

信用力

自分の価値を形成する資産のうち、貯めていけるものもあります。それが「信用」です。

信用というのは絶対に裏切らないしブレません。仲間に対しても、クライアントさんに対してもそうです。積み上げた「実績」だけが信用として資産になります。

信用という資産は、ある日大幅に上がるなんていうことはなく、ずっと右肩上がりに増やしていくしかないものです。つまり、やった分しか増えないのです。

「一度失った信用を取り戻すのは大変だよ」

皆さんも、小さい頃から親や先生に繰り返しこう聞かされたのではないでしょうか。信用というのは、状況によって価値変動を起こすことはありませんが、一回のミスや気の緩みで失墜してしまうと、またゼロから貯め直さなければいけないものでもあります。

たとえ金融資産が吹き飛んだところで、能力と信用があれば復活できます。しかし、信用が吹き飛んでしまったら、砂漠に裸で放り込まれるようなものです。とにかく、信用だけは死守しながら生きていかないといけません。

価値観や主張に一貫性を持ち、人をあざむかず、裏切らず、筋を曲げず、手を抜かず、誠実であり続ける……こういうプラスの要素を積み上げて積み上げて、その量に比例する資産が信用です。あらゆる資産の中で、最も手に入れることが難しい代わりに、これさえ持っていれば他の資産が溶けてなくなっても再起可能だと断言できるほど、強い資産です。

ただし、このシンプルなやり方こそが〝最強〟というには何かが足りません。誠実さから得られる信用には、限界があるからです。いくら真面目で勤勉な人でも、真の意味の信用を得ているかといえば、そうではありません。実は、**最も大きな信用を得るために必要な要素があります。それが「結果」です。**

「誠実であること」と「結果を残すこと」がセットになって、初めて最強の資産となります。とにかく「結果を残している人」の持つ「信用力」は圧倒的です。世に名を馳せている人たちの多くは、この部分が突出しています。そして、この「結果」というのも、信用と同様に「積み上げる」もの。そういう意味で、信用は「貯蓄」の性質を持つといえます。

支持者

地道に貯めていって、信頼を失えば一気に失うという「信用」と同じ性質を持っているのが「支持者」です。ちなみに、「ファン」というのはある日、突然増えたりしますが、支持者とは違います。YouTubeでいうと、チャンネル登録者の56万人が僕たち1GAMEのファンだといえるでしょう。

一方で支持者というのは、わざわざ有料のオンラインサロンなどに入ってくれるような人たち。お金を払ってまで僕たちに対して興味を持ってくれる人たちは支持者です。

当然、チャンネル登録者数よりもかなり少ない数ではありますが、芸能人として好き、タレントとして好きというレベルを超えて、僕たちをちゃんとバックアップしてくれています。支持者は、こうした方々に加えて、仲間であったり、クライアントさんであったり、最終的には投資家さんであったりするわけですが、支持者の数もすべて積み上げで、信用と比例していくものです。

信用と支持者というのは地味ですが、大切なものです。また、**頑張れば頑張るほど増え**

てはいきますが、頑張ろうと思わなければ増えません。

面白いことに、ファンというのは頑張らなくても急に増えたりしますので、そこは分けて考えなければダメというのが僕の考えです。なぜかというと、ファンと支持者をゴッチャにして同じだと考えると、勘違いしてしまう例も多々あるからです。

よくあるのが、チャンネル登録者が増えたりテレビにたくさん出るようになったタレントさんが、自分の信用まで増えたと思い込んで、商売を始めたらコケてしまうというようなパターン。ファンが多くても、必ずしも商売の信用は得ていなかったということです。お笑いタレントが突然、不動産商売を始めたら、「え、どういうこと？」と思われますよね。それは信用を積み上げていないからなんです。

僕の場合はド派手メークで目立ったりしながらも、こうしたことは戦略であり、ビジネスとしてやっていることを公言していますから、違う商売にシフトする時にも、ちゃんとロジックがあるという信用を得ています。

人や仕事、お金、家庭に対して普段からルーズな人は、なかなか信用が貯まりません。何をやっても上手く行かないという人は、まずは「自分の行動」を見直して、多くの信用を蓄積できるよう、努力してみることをオススメします。

8

投資の順序

自己投資（価値創造）

「資産を増やす」というと、多くの人は最初に株やＦＸ、ビットコインなど、金融投資から始めようとします。中にはパチンコや競馬で一獲千金を狙う人もいるでしょう。

それはなぜかというと、みんなラクをして不労所得を得たいからです。働かないでお金が入ってくるなんて、パラダイス以外の何ものでもないと感じていることでしょう。

しかし、実際のところ、不労所得を得たところで、たぶん幸せにはなりません。なぜなら、**人としての価値がまったく上がっていないからです**。パチンコでたまたま勝ったとしても、それを貯蓄に回そうという人はいないでしょう。食事や買い物などで贅沢して一瞬は幸せを感じるかもしれませんが、それで終わりです。何の価値も高まっていません。

例えば、ずっと音信不通だった親族が亡くなって、突然、六本木の超高級マンションを相続することになったとします。これまでの月給がバカバカしくなるくらいの家賃収入がずっと保証されて、もう働かなくて大丈夫という状況になったらどうでしょう？

最初のうちは幸せだと感じるかもしれません。しかし、ほとんどの人はただぼんやり生きていくだけで終わってしまうことでしょう。

数パーセントの確率で大物になる人もいるかもしれませんが、たいていの人は自分で積み上げてきたものが何もない上に、自分を向上させる投資もやめてしまうでしょうから、その後、充実した人生を送れるとはとても思えません。

資産を増やすために、最初にやるべきことは「自己投資」です。そういうと、英会話を習ったり、資格を取ったり、海外に行ったりと、初期投資にお金を使おうとしがちです。

でも最初はお金を使う必要はありません。無料の資産があるではありませんか。そう、**時間と体力を自己投資のために使えばいいのです。**今はインターネットがあるので、たいていのことはネットで済ませられます。この部分にお金を使うともったいないと思います。

まずは自己投資をしっかりやって、自分の価値を付けた上で影響力や信用力を徐々に増やしていくのがいいでしょう。そうすると、今度はお金が付いてきます。ユーチューバーなら広告費も取れるようになるし、小さいお仕事も継続して入ってくるかもしれません。いずれにせよ、最初から大きな案件が来ることはありませんから、地道に自己投資を継続していってください。

事業投資（価値拡大）

ラクをして生きたいと考える人は、最終的に時間に余裕ができたら自己投資をしようなどと考えがちですが、人生そんなに時間に余裕がある時なんて来ることはありません。株価に一喜一憂して、会社経営にてんてこ舞いしているのに、「さぁ英会話習いましょう」なんて余裕、あると思いますか？　また、金融投資で上手くいって資金ができてから、事業投資を考える人も出てきます。何かやりたいことがあるならまだマシですが、さらに大儲けしようと事業投資を目的化するのは、それも順番が違います。

まずは自己投資によって影響力、信用力を付けていき、次はそれを拡大する「事業投資」のフェーズに入っていきます。**自分ひとりでできることには限界があるので、仲間だったりお金だったりを集めて、事業を拡大していくことが事業投資です。**

大きなビジネスにも対応できる体制を作っていけばさらに売上は増えていきます。扱うお金の量が増えて、かつ自分の収入も増えたところで、やっと金融投資に駒を進めてもいいでしょう。この3つの順番を守らないといけません。

金融投資(不労所得)

事業投資が上手くいって、あなたが細かく現場に指示を出さなくても組織として機能していくようになったら、ようやく金融投資で不労所得を得ていくことを視野に入れてもいいでしょう。

僕個人の話をすれば、まだ事業投資のフェーズにあり、金融投資の入り口がようやくぼんやり見えてきたぐらいなものです。ただし、まだ事業投資の段階にいるのに、金融投資を始めても意味がありません。**体が動くうちはまだ自分の事業にすべてを投資したほうが絶対に自分の価値が上がってくるからです。**目先のお金に固執すると、あまりいいことはありません。こうしたプロセスを皆さんは間違いやすいので、「若いうちから金融投資をしてラクして儲けよう」という考えは捨てたほうがいいと僕は考えています。

みんな逆の順番に行こうとするから、ドン詰まりになります。物事には必ず順序というものがありますし、順序が正しいほど地味なものです。

自己投資とは

安い資産を高い資産に変換する

二束三文で買った田舎の土地の近隣に、新幹線の駅ができることになって値段が急騰——投資の目的とは、まさに「安い資産を高い資産に変換する」ということに尽きます。

そういう意味では、自分の持っているスキルや能力がある日突然、世の中に必要とされて、急に自分の価値が上がることもあるかもしれません。それは、もしかしたら英語など外国語を話す語学力かもしれませんし、プログラミングができるスキルかもしれません。あるいは絵を描いたり歌を歌ったり、詩を作る才能の可能性だってあります。

自分が好きで趣味でやってきたことに値段が付くということは、まさに安い資産が高い資産に変換できたということです。

そんなことはあり得ないって？　いやいや、待ってください。**まさに今、自分が好きな「パチンコ」の情報を発信して、収益化に結び付けた男の本を読んでいるではないですか。**

好きでやっていること、例えばイラストを描いたりマンガを読んだり、ゲームをしたり料理をしたりしていることが、無料でできる自己投資となっている場合もあるのです。

影響力と発信力を身に着ける

僕がパチンコを始めたのは、別にこれをビジネスにしようとか、お金儲けに使おうとか思ったからではありません。ただただ好きだったからです。「これって面白いよね」とみんなに伝えたいというのが原点にあり、それが動画配信という形になって、結果として収益化するビジネスモデルができていきました。

もちろん、好きなことをやっているだけではお金が入ることはありません。それには、前述のように「影響力」と「発信力」を身に着ける必要があります。

自己投資とは、たくさんのお金をかけて自分を磨いたり勉強したりすることと考えがちですが、まずはお金をかけずに好きなことを突き詰めていくのが一番。それは特別の価値となるでしょう。

10

事業投資とは

資産を分配して協力者（チーム）を作る

すでに「事業投資」という言葉を使っていますが、この単語だけ聞くと「独立しろ」とか「起業しろ」とか言われている気がするかもしれません。でも、そうではありません。

事業投資というのは、自己投資で得た「価値」を拡大するフェーズのこと。自己投資が順調に進んで、影響力も発信力も身に着いたなら、**自分が持っているお金や能力、影響力や発信力を分散して、もう個人ではなくチームを作って、ビジネスとして収益化を狙っていくのです。**

何も大きなお金を使う必要はありませんし、それこそオフィスを構えて会社を設立する必要も特にありません。自己投資のフェーズでは、自分ひとりの世界でガリガリ頑張って

「価値」を作ってきた（作っている）と思いますが、そこで使った資産は主に自分の「時間」と「体力」だったはずです。

僕もそうでしたが、ひたすら自己投資を続けて一定の「価値」を得ると、だんだんと「これ、ひとりで根性だけでやるのはちょっと限界あるな」と感じる場面が出てきます。あるいは、「ひとりでやるより効率の良い方法が明確に見える」ことも十分にあります。

そうなった時に、人を集めてチームを作ったり、機材を新調したり、広告費を使って宣伝したりして、事業規模を拡大する方向に向かうことすべてが事業投資に該当します。

価値を拡大する

仲間が増えていくと、最初は個人だけが有していた価値がだんだんチーム（社員など）に移譲されて、**やがてチーム自体の価値が高まっていきます。そうすると、それに比例して、今度は自分の時間の価値も高まっていくものです。**

いつまでも時間と体力の投資を続けていくのはつらいですから、チームでできることはチームに任せて、時間の投資は減らしていって、体も空けていく方向に行くべきです。

僕自身、今そのフェーズにいます。自分がやってきたものの価値は変えずに若手に引き継いで、どんどん体を空けて、自分が使う時間を引いていっています。

仕事に対する熱量が下がったわけではありません。ただ、僕ももう40歳になり、日に日に落ちていく体力を実感しているので、そこは仲間にある程度引き継いでいく作業を進行しています。

時間と体力の投資を減らしていく(価値が上がるから)

自力でコツコツ作った事業を効率的に拡大するフェーズが事業投資です。そのためには、僕がその場にいなくても自動で回っていくシステムを作る必要があります。

チームを作ると、ひとりではできない規模の仕事ができますし、それまで自分でやらざるを得なかった細かいことも人に任せられるようになります。

サッカーでいうなら、キーパーからフォワードまでひとりで休みなくやっていたのを、司令塔としてどんどん人にパスを回して、ボールタッチの回数を減らしていくというのが事業投資のキモです。

「これをやれば上手くいく」という材料がそろった時点で、ようやく起業です。**つまり、自分ひとりでは手がいっぱいだが、事業も拡大したいという動機で起業するというのが正**

しい順番です。

「独立したい」「起業したい」「会社を作りたい」「会社を上場させて創業者利益で儲けたい」という願望ばかりが強い人もいるようです。でも、独立や起業、会社設立などはゴールでもなければ、目的でもありません。「事業投資」というフェーズにおける手段のひとつにすぎないのです。その目的はあくまでも事業規模を拡大することであり、それが実現できるのであれば、独立や起業にこだわる必要さえありません。

手段として「会社設立」がよく使われるのは、資金調達がやりやすくなったり、税金対策の面で有利になったり、あわよくばおまけとして将来的な株式上場で創業者利益が得られる可能性があったりなど、制度的なメリットがあるからだと考えるのがいいと思います。

だから、何の土台も作ってこなかった人が、「とりあえず起業しよう、脱サラだ!」みたいな風潮に流されて、いきなりラーメン屋を始めるとか、突然IT会社を起業だといっても、それまでのその人の土台、資産がないので、何の展望も見えません。この人が知り合いだとして、誘われたら、あなたはそこの社員になりたいですか?

こうしたやり方は、僕はお勧めしません。

Column

てつの妖回胴中膝栗毛①

最初から不労所得は狙うな！　投資の順序を大切に

『わらしべ長者』の話の筋を覚えているでしょうか？　最初は1本のワラを拾ったとある貧乏な男。顔の前を飛び回るアブがウザかったのでワラの先に結び付けたところ、それを通りすがりの子どもが欲しがったことから蜜柑と交換します。蜜柑は反物に、反物は馬に物々交換され、やがて馬は大きな屋敷と交換されます。これぞ、安い資産を高い資産に変換していく投資の見本といえるのではないでしょうか。

「投資」というと、どうしてもお金を絡めて考えてしまいますが、前述した通り、最初は無料の資本である「体力」と「時間」を使うべきです。わらしべ長者の場合、元手となったワラは拾ったものですし、まさに無料の体力と時間を使って、資産を屋敷にまで大きくすることができました。

現代においても、自分の体力と時間を使って、地道に自分の価値を高める土台を作っていくことが大切です。

結論としては、「一生懸命働きましょう」ということ。それ以外ありません。投資で大金を狙う人は、たいてい「働きたくない」が先に来ます。「働きたくない」が目的ですから、働かない方法を模索するうちに時間が過ぎていってしまいます。

働かないことを目的にするのは間違っています。**人というのは働くしかないのです。**わらしべ長者だって、働きたくないからワラを拾ったわけではありません。人間たる者、最初は何者でもないし、何も持っていないので、働くしかないのです。

「働かないでお金だけ得る」というのは、出発点ではなく、あくまで終着点です。自己投資をして、事業投資をした後に、そうした不労所得を得る世界が待っています。そこに最短距離で行こうとすると、土台がしっかりできていないので、途中で崩れてしまいます。ギャンブルでお金を稼いだところで、再現性がありません。

消費者金融で50万円借りて宝くじを買ったり、ハイレバレッジ（手元に1万円しかなくても1000万円の取引ができるようなハイリスクな手法）でFXをやるのも同じです。

成功すれば〝億り人〟になることも夢ではありませんが、失敗したら目も当てられません。世の中は成功した人しか表に出てきませんが、失敗して大変な目に遭っている人のほうが圧倒的多数です。

もちろん、お金も大事です。しかし、正しい投資の順番で進めていくと、お金というのは、実のところどうとでもなります。後からいくらでも付いてきます。嘘ではありません。

どういうことかというと、自分自身がものすごい価値を身に着けて、事業に対してものすごい収益を上げる価値があると周りに認められたなら、それに対して投資を申し出てくるところがいっぱい出てくるからです。そうなると、お金はいくらでも調達できるようになります。そういうものです。

もちろん、価値のないところにお金が入ることはありません。

働きたくないからユーチューバー？　顔を洗って出直せ！

もし僕の家が全部焼けて、持っているお金も全部が灰と化してしまっても、僕自身の価値と今の組織の価値が残ってさえいれば、お金は再び入ってきます。見栄を張って言っているわけではなく、本当にいくらでも入ってきます。

そういう視点で考えると、別に金融資産というのはそれほど気にするほどのものではありません。一生懸命コツコツ働けばいいだけです。

最近、勤め人をずっと続けることに対して、「キミはそれでいいのか？　ただ働いているだけじゃダメだ」みたいに、真面目にコツコツ働くことを否定する人がいます。

でも、僕はそうは思いません。そもそも、**コツコツ働くことができない人に先はない**と思います。コツコツやっていく中で、いい道が見えたという時に方向転換すればいいだけの話です。仕事するのが嫌いで、ある日突然「ユーチューバーになるんだ！」と脱サラして成功したという人を僕は見たことがありません。

〝時給日本一の仮面ユーチューバー〟で知られるラファエルさんも、「会社を絶対辞めんな。本業があるならちゃんと会社員をやりながら、時間を作ってYouTubeの活動をやりなさい」と、僕とまったく同じことを言っています。

忙しい中で時間を作れるかは体力次第ですから、根性で頑張ればいいだけの話。お金をかけずに体力と時間だけを使って、生活基盤を安定させる収入を本業でちゃんと得た上で、「突破口が見えた！」、「俺は絶対ここで食える！」、「1年で10年分の稼ぎを得られる」と確信した時にシフトチェンジすればいいだけ。それが正しいやり方です。

Column

結局のところ、みんな「会社に行きたくない」、「働きたくない」というのが本音で、「ラクをしてユーチューバーになりたい」と、ユーチューバーになることを目的化するのですが、それは大きな間違いです。やりたいこと、面白いことも思い付かないのに、ユーチューバーになったところで、ラクになんか生きていけません。

みんな、口ではロマンを語りがちです。でも、根底にあるのは「今の仕事が嫌で働きたくない」ということ。そういう意味では、転職で失敗する人と似ているかもしれません。やりたいことが見つかってその方向に転職した人は、たとえ給料が下がっても幸せそうですが、**仕事が嫌で辞めた人は転職を繰り返し、給料が上がってもちっとも幸せそうには見えません。**

「俺は不労所得で生きていくんだ」と金融投資に走る人も、現状が気に食わないのでしょう。金融投資で得たお金で何をしたいという目的もなく、今が嫌だ嫌だと言って逃避している人と話をしても、たぶん面白くも何ともないはずです。

「FXで億り人になって、タワーマンションを買ってフェラーリに乗りたい」なんて壮大なことを語る人と話してもつまらないものです。それとは逆に、全然お金を持っていない上に地味だとしても、ひとつのことをずっとやっている人の話のほうが全然面白い。言うまでもなく、後者のほうが価値は高いはずです。

後者は、月給などは安いかもしれませんが、楽しそうに仕事をしていたりします。前者のように、常に何かが欠落していて、口を開けば「金がない、金がない」ばかり言って、仕事も楽しそうではない人に、その人にしかない価値なんてあるでしょうか。

これは、まさに20代後半の僕です。会社には行きたくないし、本当はやりたくもない仕事だけれど、やってさえいればお金になるからと、とりあえずやっていただけです。

それに対して、別にお金にはならないけれど、自分が好きな漫画を描き続けているという人と、どちらが楽しそうで幸せかというと、圧倒的に後者のほうです。

お金の前に、やりたいことを見つけることが先決です。

価値を見いだせない「嫌なこと」は続けられない

10年くらい前ですが、『トイレ掃除の経営学』（大森信・白桃書房）という本がありました。それによると、経営者と従業員で社内の掃除を行っている企業は、高い割合で売上が向上したといいます。

20代の僕がこの話を聞いても、「は？　なんで？　絶対やりたくねえ」と思ったでしょうね。お金のことしか考えていなかったからです。掃除なんかしたってお金儲けにはつながりませんから。会社のトイレ掃除なんて嫌じゃないですか。しかもタダ働きなんて。でも、その会社の人たちはやりたくないことをやって、自己中心的な考えを捨てたり、利他《りた》の精神を学んでいったりしたのでしょう。つまり、社員たちは新しい価値を身に着けていったのだと思います。

実は若い頃の僕も、やりたくないことをずいぶんしていました。それは仕事です。ただお金が欲しいからやっていたので、本当に毎日が嫌で仕方ありませんでした。

「嫌なことをやる」ということでは似ていますが、考え方の順番がまったく逆です。掃除の場合、その意味は最初から理解していなかったとしても、結果として自分の価値を高めることに成功したと思います。僕の場合、未来を見据えて嫌なことをしたのではなく、ただ「金持ちになる」という目的地に到達するためにやっていただけで、お金は増えたところで自分の価値はまったく上がりませんでした。

当時の僕にはビジョンが欠けていました。ただお金がいっぱいあればいいと思っていただけです。その先、何もない空っぽ状態だったのです。

人生ノープランで、とりあえずお金を最大化するためだけに働いていましたが、やはり人には限界があるものです。**面白いことに、人間の体というのは楽しいことしかできない構造になっている**ようです。逆につらいことに我慢できる期間というのもだいたい決まっていて、どんなに根性がある人でもおそらく10年が限度でしょう。

ただし、他人から見たら嫌なことでも、本人が楽しければ続けられます。激しい肉体労働や毎日同じような単純作業でも、「いや、俺、これ合っているんだよね」という人からすれば10年は余裕です。全然苦じゃありません。

「楽しいことを仕事にしなさい」なんて簡単に言いますよね。それができればいいのはわかっていても、現実はそんなに甘くありません。そうであるなら、嫌な仕事の中にも楽しさを見つけたり、楽しいことに変えてしまうしかないでしょう。

今、僕がやっているＹｏｕＴｕｂｅの番組もそうですが、自分が没頭できる要素があれば、人というのは限界まで力を出せるものです。これを、僕は「熱中力」と呼んでいるのですが、人は何かに没頭するとリミットが外れるようにできています。

例えばゲームをやっていて、負けたり勝ったりして、楽しくて悔しくてという時の集中力の状態というのは、ヘタしたら24時間続けられます。僕もゲームを24時間くらいやったことがありますが、寝なくてもできるものです。

それで本当に死んだ人もいますから要注意ではありますが、こんな集中力、どこから来るのだろうと考えたら、やっぱりやっていて楽しいからです。

仕事に没頭している人も時間の経過がわからなくなったりします。「あれ、今日何日だったっけ？」とか、「あ、やべえ、もう朝だ」といったように、体は多少つらくても、楽しいから続けていくことができます。

20代の僕にはそういう感覚はありませんでした。逆に時間が経つのが遅くて、ああ今日も1日が始まる、あ、今日も1日が終わった——を毎日ただ繰り返していました。

こういう状態では収入を上げることはできても、間違いなく病みます。実際に僕はぶっ壊れましたから、そういう生き方はお勧めしません。だからこそ、お金を目標にするのではなくて、**自分が好きなこと、やりたいことを目標にして、そのために何が武器として必要かという考えの順番でいくことが大切です**。精神的に全然違いますよ。

なぜ事業化するのか——その意味をきちんと考える

お金を儲けたいのは、究極的には幸せになるためというのが目的ではないでしょうか。

それなのに、お金を儲けることが目的化してしまう人や、今が嫌だからラクしようという人がいかに多いことか。そもそも、今が嫌だという思いを抱えたまま何もして来なかった人に、事業を軌道に乗せたり、仲間を引っ張っていく推進力があるのか疑問です。

上手くいく人にはパターンがあるように思います。例えば、ずっとゲーム会社でプログラムを書いていた人。

仕事を楽しくこなし、会社からも評価されていたのですが、心の中では「でも、本当はまったく違うゲームが作りたいんだよな」と思っていました。自分の時間と体力を使って新しいゲームを設計しましたが、会社の方向性とはあまりにも違いすぎて、その会社から世に出すことはできません。

こういう流れであれば、自分がやりたいことを実現するために、独立するというのはとても自然です。誰もが新しいチャレンジを応援してくれますし、起業は成功します。

不動産屋の営業で独立するといった場合もそうです。

接客スキルを武器に分譲住宅を扱っているような人であれば、ある程度大きいお客さんを持っていることでしょう。名刺をいっぱい持っていて、いろんな会社ともコネクションがある。これまでの仕事の中で信用も影響力も積み上げてきているはずです。

今の仕事や報酬に不満があるというほどではないけれど、自分を成長させるステップとして海外不動産の仲介に挑戦してみたい。

そうなったら、独立してやってみようかと思うのも自然なことです（ただし、顧客リストの持ち出しや、競合他社への転職、同業種の会社設立は元の会社の利益相反にあたり、モラル的にも法的にも問題があるので、会社を辞める時にはクリアにしておかなくてはいけません。いずれにしろ、仮にもお世話になった会社に、後ろ足で砂を引っかけるようなマネはしないほうが賢明です）。

この「自然」というのが大切で、それは順番に沿っているということ。まずは自分の価値をコツコツと時間と体力を使って高めた上で事業――つまり、今度は人にやらせる側に回っていく。それは自然な流れです。

しかし、そもそも仕事が嫌いで働きたくない人は、やりたい事業や収益を見込める事業があるわけではありません。起業して社長になったところで人に任せたがるから、事業方針もブレまくるに違いないでしょう。

だから、「お金が欲しい、でも仕事は嫌いだ」という人にお金をボンと与えて、「じゃあ好きなことやってみろ」と言っても、たぶん何をしていいのかわからないのではないでしょうか。

今、例に挙げたプログラマーにしろ不動産の営業マンにしろ、会社員として働いて信用を得てきて、そこに自分のお金は投じていません。

そういう意味で、会社員というのはすごくいいものです。わりと定時に仕事が終われる人だと時間も体力も上手く使えそうですが、公務員は副業が禁止されていますので難しい部分があります（働いた対価にお金をもらわなければＯＫです）。

ですから、**会社員は実に恵まれている存在なのですが、そのことをわかっていない人が大半です。**

独立したら確かに年収は増えるが……僕が独立しないワケ

僕自身、今でもバリバリ会社員です。会社員で、インフルエンサーで、経営者でもあります。テレビ番組などではパチンコ・パチスロタレントを務め、オンラインサロンの主宰者でもあり、最近ではコンサルタントの運営も始めています。

「投資の順序」でいうと、僕は事業投資（価値拡大）のフェーズにいますが、会社員は辞めていません。もちろん、辞めても生活に困ることはありませんが、収入のためだけに働いているわけではないので、辞めるつもりはありません。

僕は今の会社のオフィス機器やパソコンを当たり前のように使っていますが、実はこれらのリソース（資源）はノーリスクで会社から僕が得ているものです。そこに大きな義理や恩義を感じているということは否定しませんが、もっと大きな理由もあります。

僕は、今の会社で給料をもらいながら、ノーリスクでＹｏｕＴｕｂｅチャンネルを立ち上げ、人もマネジャーも付けてもらいました。リスクを全部会社に負ってもらっているのですから、全員ごっそり引き連れて独立するということをしたら、僕のこれまでの貯蓄信用が一気に消えてしまいます。

これは、お金よりも重要な問題です。もし独立したら、僕の今の影響力を考えると、金融資産は爆発的に伸ばせることでしょう。たぶん今の収入の４倍ぐらい増えると思いますが、世話になった会社を裏切ることは良くないと僕は考えています。

今行っているビジネススキームに関しては、この会社にとどめておくつもりです。そこから当然、僕も給料をもらいますが、そこで食っている人たちに対しては裏切り行為は絶対にしません。ただ、「僕は自分で設立した会社で他のこともやるからね」と公言しておけば、会社の人たちに恨まれることはないのです。

だいたい副業や起業というのは、会社に隠れてコッソリやると揉め事の原因となります。

「調子が良くなったら、じゃあお前とお前を引き抜いて独立だ」なんていう人に対して、会社に残った人からしたら「は？　ふざけんな！」と思うのは当然です。

そういう話は業界内に絶対広まります。一度人を裏切った人はまた裏切るものなので、ビジネスをやる上でも相当警戒されると思います。まさに貯蓄信用が消えた状態です。

僕はこうした考えを常々周りに言ってきましたから、いまだにうちのチームは離職率ゼロです。というか、増える一方ですから。この業界でも稀有《けう》なことだと思います。

いくらビジネスで成功しようが、巨額の富を築こうが、人間はひとりでは生きていけません。義理・人情は大切です。また、人を裏切ると、いつかしっぺ返しが待っています。

テイカー（奪う人）ではなくギバー（与える人）になろう

正直なところ、事業を組織化して大きくする中では、自分のことだけ考えればいいと思います。人は巻き込んでいけばいいだけの話。あなたに興味がなかったら、いくら誘っても人は付いてこないですから。首根っこ捕まえて強制労働させるわけではないので、あなたが「こういうことをやりたい！」、「こういう力が欲しい！」と言っていることに対して、「こいつと一緒にいればメリットあるし、面白そうだ」と思えば付いてくるはずです。

組織を作っていく中で、人として当然気は遣いますが、人のためにやるべきではありません。自分の人生1回きりです。**そういう意味では超自己中心主義でいいと思います。**ただ、自己中ではあっても、信用は絶対に裏切らないということは大事です。

もうひとつ大切なのは、自分に協力してくれた人に対しての義理は絶対に守ること。僕個人としては義理人情の人間なので、人からもらったもの、恩は「倍返し」という感覚で生きています、『半沢直樹』じゃないですけど。そういう心持ちでいれば、人とトラブルになることもそんなにはないはずです。

やりたいこと、自分の人生ビジョンというのは自分しか持っていないし、そこに他人が介入する余地は本来ありません。誰かにこうするべきと言われたとか、こうしたほうが世間的に無難だと、他人を軸に自分の方針を決めてしまう人が中にはいます。それでは自分がやりたいことと、やっていることがかい離《り》してしまって、本当につらくなります。

だから、人に迷惑さえ掛けなければ、自分がやりたいことに関してはわがままでいいと思います。むしろ、わがままじゃないとパワーが出ないし、面白くないですよね。

例えば、写真が大好きでひたすら写真を撮っている人がいたとします。その人の写真を見て「すげえ！」と思ったら、その人を世に出したいというスタッフ志望の人が出てくるかもしれませんし、弟子になりたいという人が出てくるかもしれません。

でも、本人はやりたくてやっているだけです。別に誰に迷惑を掛けているわけではないので、自己満足と自分勝手のままでいいと僕は思います。そうじゃないと後悔すると思います。それが、結果的に支えてくれたスタッフや弟子を幸せにするなら最高です。

この自己満足、自分勝手、わがままというのと、私利私欲とはまったく違うものです。せっかくスタッフが支えてくれたのに、損得勘定でお金を独占しようとか、周囲の人を利用してやろうという発想が根本にある人からは、すぐに人が離れていきます。

そういうタイプの人と短期的に付き合うことはありますが、「あ、この人、僕から得ることしか考えてないな」というのはすぐにわかるものです。

よく「ギバー（与える人）になりましょう」とか「テイカー（奪う人）になるのは避けましょう」というギバー・テイカー論も話題になりますが、世の中やたらテイカーだらけですよ、本当に。一見上手くやっているように見える人でもテイカーだったりします。

かといって、ギバーになれるほどの人格者もなかなかいません。身を削ってまで他人に与えられるかというと、そこまではできないですよね、正直に言うと。

だから、**せめてマッチャー（人から与えられた分だけを返す人）になって、可能な限り**

ギバーを目指していくのがいいと思います。

周りを利用して私利私欲に走るというスタート地点にいると、たぶん何もできないで終わってしまうと思います。

みんなにカネをばらまくおじさんはギバーか？

今のパチンコ業界は、本当にえげつないテイカーだらけです。僕はせめてマッチャーでいようと思っています。少なくとも、受けた恩は返します。で、これが倍返しになったらギバーになっていくので、今はそこを目指して頑張っています。

ところで、自分のツイートをリツイートした人の中から100人に100万円をプレゼントするという社長さんがいました。あれは一見ギバーのようですが、話題作り、イメージアップの要素が強すぎるので、そういう意味ではマッチャーではないでしょうか。「ひっそりお金配りおじさん」と名乗っていましたが、全然ひっそりじゃないし（笑）。

何も持っていない人にただお金をまく行為というのは、宝くじで賞金が当たるのと同じ意味しかありません。それならば、昔、日テレでやっていた『マネーの虎』のようにお金が欲しい人にプレゼンをやらせたほうが100倍マシだと思います。ちゃんと相手の話を聞いて、出資するならいいと思います。プレゼンに非常に高い可能性を感じて、ひとりに1億円を出資するほうが世のためになるのではないでしょうか。

それに対して、リツイートとフォローで自分の影響力を増やすために抽選でお金を配るという行為は誰も幸せになりません。お金をもらうほうも、ただ単純に天からお金がボンと降ってきただけですから、それを有効活用なんかできないものです。本当に困っている人にお金をまきたいのであれば、寄付やチャリティーに回せばいいだけです。

もしかしたら僕が想像もつかないようなことを考えて100万円プレゼントをしたのかもしれませんが、はたから見ている限り「コイの餌やり」にしか見えないから、僕は何か苦しくなってしまいました。

インターネットを介してひとりがお金をまいているのに対して、みんながウワッと群がっている光景に、まるでNetflixの近未来SFストーリー『ブラック・ミラー』を見ているような不気味さを感じたのは僕だけでしょうか。

大金をエサに釣られると人間ってこうなっちゃうんだなという、人の醜さを引き出している行為のような気がして、僕は見ているだけでつらかったです。

この手法は、「お金を払う代わりに僕を有名にしてね」というマッチャーの考えです。

みんなに幸せになってもらいたいと心から思ってお金を出すというギバーであれば、リツイートとフォローなんて求めません。

お金とは「材料」——集めて持っているだけでは意味がない

ここまでいろいろお金についても話してきましたが、結局、お金とは何なんでしょう？

僕の答えは決まっています。お金とはただの「材料」です。「手段」「道具」と言い換えてもいいかもしれません。

お金というのは、自分がやりたいもののために使う、ただの材料です。木材がないと家が造れないのと一緒です。でも、材料ばかりを集めていてもしょうがありません。

結局のところ、お金で何をするのかが大事になります。材料がないとできないことが山のようにあるのは事実ですから。

世の中の皆さんは木材集めに必死こいていますけど、木材を集めて何をしたいのでしょうか。ちょっといい家に住んで、いい車に乗ってという、昔からの価値観でもいいとは思いますが、結局、いろんなものと交換できる材料をいっぱい集めて何をしたいのかと言われた時に、スパッと答えられない人がけっこう多いものです。

僕はその状態で材料を集めることに何の意味も感じません。それよりも、何かしたい時に材料がいつでも手に入る人になったほうがよくありませんか？　だから、それが自分にとって一番の価値となっています。

材料ですから、使って初めて価値が出るものなので、ため込んでいても意味がありません。しかも、その人に本当に価値があるのなら、「木をくれ」といったら、くれる人がいっぱいいます。

僕の場合、今となっては時間とお金の価値が逆転しているので、時間を買えるのであれば、ガンガンお金を使うという感じになっています。

具体的にいうと、移動はほとんどがタクシーを利用するようになっています。理由は簡単で、時間が有効活用できるからです（ラクをするためではありません）。

今はアプリでタクシーを呼ぶのも簡単です。タクシーが来るギリギリまで作業ができるし、タクシーが来て乗ってしまえば、スマホでいろいろと指示を出したり、動画のチェックをしたりできる上に、目的地の目の前に着くことができます。

これはすごく生産的な行為で、タクシー代の数千円より、この間に生み出されている価値のほうが僕にとっては全然高いのです。

ちょっと矛盾したことを言うようですが、実は最近、車を買いました。それは、新型コロナウイルスの流行がなかなか終息しないご時世なので、家族で移動する時にあまり電車などの公共交通機関は使いたくなかったからです。

それから、オンラインサロン内でちょっと旅企画をやりたかったということもありました。サロンを作ったのは、みんなで集まって何かをやろうというのが最初の目的だったのですが、今は集まれなくなってしまったので、じゃあ僕がいろんなところを巡っていこうという企画のための道具として買っただけです。

そもそも僕は車自体にステータス性を求めていないですし、そこまで興味はありません。身なりはある程度はしっかりしますけど、収入に対しての生活はかなり質素だと思います。

あなたがやりたいのは投資か、ギャンブルか？

一獲千金を夢見て株式投資などを始めると、株価の動きが気になって、本業が手につかなくなることもあります。株価を見て一喜一憂するなんて、すごい時間の無駄だと思いませんか？　**なぜなら、自分の意志では何もコントロールできないことだからです。**

株価のチャートの見方に関する本も山のように出ていますが、すべてが後付けの説明です。特に近年は実体経済と金融経済がかい離していて、会社の業績が悪くても株価が上がったり、好材料があっても下がったり、素人には太刀打ちできない相場になっています。総理大臣が突然辞めたり、円高になったり、アメリカ大統領選挙が混迷を極めたりしているのに株価が上がり続けたのは、常識的な経済理論では説明が付きません。

例えば、株式の売買のタイミングを判断する「ローソク足」と呼ばれるチャートがありますが、プロならまだしも、素人が付け焼刃で分析しても理解できないでしょう。それを読み解く時間があったら、違うことをやっていたほうが絶対にプラスになります。

ギャンブルの延長として株や為替をやったところで、確かにチャートの見方は詳しくなるかもしれませんが、それが何かの役に立つかといったら、何にも応用ができません。時間が余って経済に特別な興味があるならやってもいいとは思いますが、ほぼ負けますよ。

金融投資について補足しておくと、定額を毎月積み立てていく「積立投資」が最近流行っています。「若いうちから投資を始めましょう！」といった投資関連の本もいっぱい売られています。「利回りが3％だから若いうちから始めたほうがいいですよ、老後も安心ですよ」という宣伝文句に惹かれる方も多いことでしょう。個人年金保険なども同じです。

確かに今は大手銀行に普通預金で預けていても利回りは0・001％と、雀の涙どころか蟻のオシッコくらいですから、３％の利回りというのはすごくいい商品です。

でも、ちょっと待てよと。小さいお金を積み立てて本当にそんなに大きなお金になるのかと。

20代の前半からしたら月に１万円というのも大金ですけど、例えば毎月１万円で３％の利率で積立投資を考えた場合、10年間で得るお金っていくらだと思いますか？

毎月毎月１万円を削って10年待ったところで、利息は20万円に届きませんよね。そこから所得税や手数料などが引かれますので、利益は15万円くらいでしょうか。10年頑張ってこの金額……要りますか、このお金？

つまり、金融投資というのは数千万とか億単位でお金を動かす人にしかメリットがないのです。僕も最近、金融投資を少しやってみて、そのことを実感しました。10万円を11万円にするのは至難の業ですが、１億円を１億１万円にするのはかなり難易度が下がります。ただし、今は超低金利時代ですから、１億円を銀行に預けたところで、年間の利息は１回飲みに行ったら終わり程度の金額しか付きません。

そういうことから考えても、**最近言われるようになった「早くから投資を始めましょう」というのは時間の無駄だなと思いました。**僕はやっていなかったので、金融投資を考えて改めて計算してみて、やっていなくて良かったと思っています。

「投資」と「投機」は違います。投資は一獲千金のギャンブルではありません。余剰資金でパチンコや競馬を遊びでやる分にはいいでしょうが、億万長者に憧れて、生活を懸けてデイトレードをやるのはギャンブル以外の何ものでもありません。

利益を生む理論が自分なりに確立されているならいいですが、「上がりそうな銘柄を適当に買う」程度では討ち死にします。成功者は華やかで目立ちますが、その陰には死んでいっている人が山ほどいることを忘れてはいけません。

若いうちに何か始めたくても、お金を持っているわけではないですよね。だから、最初からお金を投資することは考えなくてもいいというのが、僕の考えです。

［第2章］

福の神の作り方

あなたの近くには「福の神」と「貧乏神」がいます。どちらを大きく育てるかは〝自らの行動〟によって決まることを知りましょう。

「福の神」、「貧乏神」とは何を意味するのか？

仕事が予想よりも早く終わって自由な時間をゲットできた時、本屋を回って話題作や新作をチェックして、面白そうな本を買って読むのか、あるいは飲み屋に直行して友人たちと一杯やるのか——。

限られた時間や体力を未来の自分に投資してプラスにしていくのか、それともそれらをただ浪費、消費して減らしていくのか——目の前には常に2つの選択肢があります。

自分にとって絶対プラスになる資産、例えば知識や経験、影響力や信用力など、目には見えないけれども、**人生をポジティブにしてくれる無形の資産を、僕は「福の神」と呼んでいます。**

この「福の神」が目に見える形で具現化したものが現金や不動産、建物などの有形資産と考えてもいいでしょう。つまり、「有形資産は目に見えない福の神を身に着けないと手に入れることができないものだ」ともいうことができます。

一方で「貧乏神」と僕が呼んでいるものは、福の神とは逆に自分にとって絶対マイナスになる悪習慣です。

SNSで誹謗中傷や悪口を書き込むこと、お金儲けを優先すること、仕事を一生懸命やらないこと、自分の快楽を一番大事にすること……これらが代表的な貧乏神たちです。

まず福の神を増やそうとしても、貧乏神がいるままではなかなかプラスになっていきません。だったら、足を引っ張る貧乏神をひとつひとつ消していくことが、人生を好転させる入口となります。今やっている悪習慣を絶って、目に見えない自分の価値を増やすことに注力していけばいいのです。

ただ、残念なことに、**ほとんどの人は自らの行動によって貧乏神を増やし、逆に福の神をわざわざ失うようなことばかりしています**。

限られた大事な資源である時間と体力を投資に回せば自分の価値を高めることができますが、それを悪習慣のせいで浪費してしまえば、何にもなりません。

これまで長く付き合ってきた貧乏神とさよならして、福の神と出会うチャンスを増やすことに注力していけば、人生は絶対にプラスになっていきます。

今からでも福の神が来てくれるように生活を変えていけば、人生も変わっていきます。

これまで何の気なしにやって来た行動がどういう意味を持つのか、それに気付いて、新たな一歩を踏み出しましょう。

福の神の正体

無形資産

自分を幸せへと導いてくれる「福の神」というのは、身に着けていくだけで自分を高めてくれるものです。それは、1章でも述べてきた価値や影響力、経験、信用力といった目に見えない無形資産です。それぞれの人に対する価値というのは、お金や不動産、所有物で測ることはできません。**その人が生み出せる価値が社会や企業、他人に認められ、それが必要とされるようになると、それがあるだけでずっとお金を生み続けます。**

それをシステム化していけば、自分の時間や体力を使わなくてもお金を生んでくれて、さらにお金でできることが増えていきます。この価値を作れば、物も増えていきますし、何度倒れても再起が可能です。これが、目指すべき投資の基本でしょう。そして、人の事業に自分のお金を投資していくのが最終形ではないでしょうか。

それなのに、お金を使って他人任せで投資をしようとするからおかしくなります。よく「マネーマシンを作りましょう」と言われますが、ほとんどの人がこれを金融資産でやろうとします。投資信託をやって、ファンドラップをやって、最終的にはプライベートバンクに資産運用を任せて、自分が働かなくてもお金を生んでくれるマネーマシンをどのように作るかで頭を悩ませています。マネーマシンという発想自体は、僕はありだと思います。ただ、金融商品を購入して、その利息や運用益を当てにするマネーマシンではなく、まずは自分で自分のマネーマシンを作っていかなくてはいけないと思います。

今ある資産を使って無形資産を構築する

まだ若くて何も持っていないという人は、今ある資産を使って無形資産を構築していくのみです。え、自分は何も持っていないって？ **いやいや、あるじゃないですか、体力と時間が。** まずはたっぷりあるはずの体力と時間を有効活用して、基盤を作るところから始めましょう。その過程で、経験や影響力、信用力といった目に見えない福の神をできるだけたくさん身に着けていくことを意識してください。

発信する

得意なことで人を喜ばせることに全力を出す

ブログでもSNSでもYouTubeでも、今の時代は自分の価値を高めるツールが山ほどあるので、とにかく発信することが重要です。インターネットがなかった時代では、自分の思いや意見、情報を世の中に知らしめる手段は、テレビやラジオ、新聞、書籍くらいしかありませんでした。当然、専門家でも何でもない素人の個人が、そうしたメディアを駆使して、自分の声を世の中に届けることなど不可能でした。

しかし、今は違います。自分の持っている情報や自分の存在というものを、いろんな人に向けて発信していくことが可能となっています。僕が最初はブログを選んだように、手段は何でもいいのですが、**発信は絶対にやらなければいけません。**

実際に会って話せば、僕が何者なのか、何を考えているのかわかると思いますが、物理的に会うことのできる人の数は限られています。でも、ネット上に配信すれば、世界中の人たちの目に触れる可能性も出てきます。考えてみるとすごいことですね。

例えば大工の方が、発信をせずに一生を終えたら、1人の大工さんで終わります。しかし、この人が本業を通して学んだことをエッセンスとして、「誰でも簡単に作れる今流行の家具」という動画コンテンツを作ってYouTubeにアップしたら、これは立派な発信です。これがセンスのあるものだったり、参考になるものであれば、視聴者が付いていきます。これを積み重ねていくと、この人の「影響力」になっていきます。**これは、発信しなければ絶対に手に入らないものです。**

実は、世の中の皆さん、それを十分わかっているからFacebookとかTwitterとかSNSをやっているのです。今の10代から40代ぐらいまでの世代の人はたぶんほぼやっていて、やっていない人のほうが少ないのではないでしょうか。

ただし、何の意味もない発信をしている人がほとんどです。好きなアニメのことを話して共感してもらうとか、自分の満足のために発信している人がほぼ99・999％です。あるいは、芸能人の言動やスキャンダルに乗っかってコメントをしたり、有名人にリプライを送るとか、１万人いたら９９９９人が「利用者」であり、「発信者」ではありません。
本人は発信しているつもりかもしれませんが、これは単純に消費行動をしているだけで、何の価値も生み出さない行為に終わっています。ほとんどの人はＳＮＳでメチャクチャ時間を消費しています。浪費といっていいでしょう。

でも、先ほどの大工さんのように、人の役に立つもの、人が面白がってくれるものを定期的に発信している人たちというのはファンを獲得する――つまり影響力を得るので、これは無駄な時間ではありません。

ここにすごく大きな違いがあるのですが、「ＳＮＳやりなさい」と言われて実際にやっているだけの人は、この違いがわかっていません。毎日毎日、どうでもいいことをひたすらやっているだけです。どうでもいいことを発信している間に、人の動きに反応して、さらに無駄な時間を使ってしまいます。よく「反応する人生やめましょう」などと啓発本には書いてありますが、まさにその通りです。

メディアを構築する

ツールの使い方によって、立場が２つに分かれます。わかりやすくいうと、ＹｏｕＴｕｂ

eやSNSにはプロモーションがありますが、これらは発信をしている人にメリットがあるものです。こうした利益の生まれる案件は、発信する人にしか舞い込んできません。

一方で、そうした発信やニュースに対して、「いいね！」とか「物申す」とかやっている人たちは、ただ反応しているだけなので消費者といえます。同じツールを使っていても、「反応させる人」と「反応する人」に分けられているということにどれだけの自覚があるでしょうか。また、どちらに価値があるのかは言うまでもないでしょう。

今、世の中に転がっているツールを自分の武器にするのか、自分の快楽に使うのか選べるのに、ほとんどの人は快楽の消費に使ってしまいます。そのほうがラクだからです。

よりクリエイティブなことをしよう、人に反応させようというアプローチをしていなければ、それは発信とは言えません。

自分のコンテンツがない人、作らない人はただの消費者です。同じツールを使っていても、利用している人と利用されている人に二極化しているのが現状です。だったら、利用する側になりましょう。これさえ心掛けていれば消費行動には走らなくなります。初めからお金をかける必要はありません。体力と時間を使って、見ている人を反応させる価値のあるものを発信しましょう。それが自分のメディアを構築することにつながります。

身の回りの武器を探して使う

若いうちは時間と体力の資本を積極的に投資

成功しているユーチューバー、常に面白いコンテンツを提供してくれるユーチューバーは、それぞれの「武器」を持っています。これらの武器は、その人が得意なことだったり、大好きなことがベースになっています。老若男女が視聴する、間口が広いテレビなどでは全然ウケないようなネタでも、ＹｏｕＴｕｂｅではものすごい反響を呼ぶこともあります。

若いうちは、こうした武器になるものを見つけるために、時間と体力という資本をガッツリ投資していくべきです。

こう言うと、「ああ、やっぱり勉強しないとダメなのか……」と思う方がいるかもしれませんが、そういうことではありません。好きなこと、得意なことを続けていけばいいのです。**時間と体力という無料で使える資本を使って「遊ぶ」ことが一番です。**

例えば、僕がプライベート時間で何をやっているかといえば、食事や睡眠、家族との時間を除けば、映画やドラマ、アニメ、YouTube動画を観たり、小説や漫画、ビジネス書を読んだりしています。時間も体力も使って、一生懸命遊んでいます。

もちろん、ビジネスのヒントやネタ探しとして情報収集している面もありますが、基本的には好きでやっていることです。これを勉強しよう、知識としてインプットしようと、その行為のどこかに義務感が生じると、それはもう苦痛になってしまいます。学校での勉強と同じです。面白いなと思ったことは自然に覚えますが、受験勉強で詰め込んだ知識はすぐに忘れてしまいます。自分の身にならない勉強は続きません。

何が武器になるのかは答えがありませんので、時間も体力もあるうちはいろいろと手を出していくのがいいのではないでしょうか。

もちろん、SNSというツールも大きな「武器」になります。ブログでもYouTubeでもFacebook、Twitter、Instagramでも、TikTokでも構いませんが、使いこなせるツールは全部使うようにしましょう。

4

話題性を提供する

世間が求めるモノを提供する

いくら情報発信しても、誰も関心を示してくれなければ意味がありません。そのためには、人が興味を示すものや話題にしたいものを常に考える必要があります。

ブログ時代に僕がやっていたのは、みんなの反応をずっと見続けて、「あ、この情報を投げるのだったら今だな」などと分析することでした。そこで、みんなが反発するもの、肯定するものをバランスよく投下していきました。

そうすると、「この人、すごく嫌い」でも「この人、すごく好き」でもいいのですが、なんだかんだ常に話題を絶やさない人になれるので、ここをすごく意識していました。

この意識がないと、淡々とした日記みたいになってしまいます。面白いことをぽつぽつと書いている人もいますが、それはそこまでで終わり。のんびり地道にやるならそれでもいいですが、一気に読者を増やしたいなら、やはり「起爆剤」は必要です。

その起爆剤となるのが、話題になること。例えば、何かすごくいいことをしたり、逆に何か事件を起こしたりすると話題になってメディアに取り上げられます。

いいことでも悪いことでも、実際にテレビも新聞も、ニュースサイトも常に話題となるネタを探しています。まとめサイト、いわゆるキュレーションサイトもそうです。

要は、ネタになるようなことをして、他のメディアに取り上げられればいいのです。個人でずっとブログをやっていても、ネタにならないとなかなか広がりません。

よく「バズる」といいますが、バズるのは重要ではなく、より信頼のあるメディアに何かしらの形で取り上げてもらうところまで行き着かないと、爆発的に読者の数が増えることはありません。僕が最初にブログで大暴れしていたのは、「あいつはヤバい」と話題になるように仕掛けて、みんながザワザワと反発するような存在になるためです。

その結果、話題を集めたことでまとめサイトでもよく取り上げられるようになりました。

そういう意味では、**「話題が尽きない人」にならないといけません。**

パフォーマンスと営業努力

今となっては知名度を得て、もう騒がせる必要がなくなったので僕はおとなしくなっていますが、昔は暴れていないと見てもらえないので、あえて話題になるようなことをやっていました。「炎上」も「売名」もパフォーマンスです。まさに「悪名は無名に勝る」です。

無名の新人がステージに突然上がって、人前で好きなことをおしゃべりして、何の興味も引けないという状況だったら、暴れて興味を引くしかありません。でも、ステージに現れたのがＧＡＣＫＴだったなら、もう暴れる必要はないですよね。ＧＡＣＫＴはＧＡＣＫＴであるだけでいいですし、ステージに上がった瞬間、全員がそちらを見るので、暴れて注目を集める必要性はまったくありません。

だけど、無名の新人であるなら、観客を集中させることを考えて目立つことをするしかないので、どこに人目を引くような派手さがあるのか常に探す必要があります。

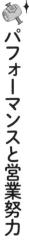

言い方は悪いですけど、大衆の興味の範囲というのはちょっとゲスいものです。そのゲスい需要というのをちゃんとコントロールしてあげると、わりと上手くいきます。

正直言って、人が苦しむ様を見たいという人はいっぱいいます。成功している人間よりも苦しんでいる人間を見たいというのが本心で、特に人間の本性がむき出しとなるネット空間ではその本領が発揮されます。

ケンカが大好きで、人が失敗したらわざわざたたきに行きます。ネット空間では「他人の不幸は蜜の味」なんだなと実感します。前の本にも書きましたけど、まさに「火事（炎上）とケンカはネットの華」です。

「あそこでケンカしているぞ！」となったら、面白がってみんな見にきます。ネット民は誰しもケンカや騒ぎが大好きな野次馬なのです。ということは、野次馬をコントロールできればこっちのものです。**野次馬だということがわかっているのであれば、野次馬の中心に行くだけです。**

中傷されてつらいこともいっぱい出てきますが、それをやらないと爆発はできません。いきなりテレビに取り上げられるのは無理ですが、まとめサイトに取り上げられるくらいの話題を作るのを目標としましょう。

ただ、騒ぎを起こすだけでは意味がありません。それに見合ったコンテンツを出していかないと、すぐに消えていきます。

ただし犯罪だけはしないようにしましょう。

5

Rich Time

資産を生む副業を選ぶ

通常の仕事では得られない経験をする

僕は現在、パチンコ・パチスロ業界を盛り上げるための集団「1GAME」の代表であり、ご存知のように『てつの妖回胴中記』に出演しているユーチューバーでもあり、テレビ番組などではパチンコ・パチスロタレントを務めています。

さらに、オンラインサロン『遊び人のギルド』の主宰者でもあり、最近ではパチンコホールを対象にコンサルタントの運営も始めてはいますが、本業である会社員も辞めていませんので、6つの仕事をやっています。社会のさまざまなシステムが変わってきた今の時代、僕は「副業」をしていくことはかなり大事なことだと思います。

副業というと、たいていの人はより多くの収入を得ることを目的としますし、実際にそれを第一優先にしています。とりあえずお金のためにやるというのでも悪くはありませんが、ただただ労働時間を増やしてお金を得るというやり方では体が持たなくなります。**せっかくやるなら、本業では味わえない楽しさを追求してもいいのではないでしょうか。本業とはまったく違うことをやったほうが楽しいですし、勉強になることも多々あります。**

僕自身、システム開発や観光のプロモーションなどの本業を持ちながら1GAMEの活動を始めましたが、パチンコ・パチスロの情報配信は本業とはまったく別物です。そもそもは、収入を増やすために副業として始めたわけではありません。サークル活動として楽しいからやっていただけです。

副業といっても、最初のうちはブログの広告収益くらいだったので、収入としては微々たるものでした。でも、本業とは違う楽しさがそこにはあったのです。

20代前半、パチンコ・パチスロのメーカーで働いている時にも、実は僕は副業をやっていました。具体的には、あるベンチャー企業で月のまとめのお金の流れなどをExcelを使って計算する会計を手伝っていたのです。Excel使える人、いなかったんですね、その会社。僕はパチンコ・パチスロの開発者として、大当たりする確率を作ったりするのにExcelを使ってやっていたので、表計算はお手のものでした。

本業では、会社に「作れ」と言われたものを作るだけで、開発者にはビジネス的な感覚が要求されることはありません。ずっとやっていると、商売感覚というものがなくなってしまいます。しかし、僕は副業で会計の仕事をやっていたおかげで、自分がビジネスをやる時に、家賃だの人件費だのがどれくらいかかるのか、税金でどれくらい引かれるのかなど、事前に勉強できていました。勉強させてもらったのにお金までいただいていたのですから、ありがたいとしかいいようがありません。

もし開発の仕事をしながら、別の会社でただコードを書き込むだけの副業をしていたら、お金はともかく、自分の資産となるようなものは得られなかったでしょう。

知識の幅を広げる

自分ができることを副業で選ぶと、別会社でも結局は同じことをすることになるので、ただ労働時間が増えるだけ。名目的には「副業」なのかもしれませんが、やっていることは「残業」と変わりありません。確かにその分お金は手に入りますが、あまり意味のあることではないような気がします。

今の時代、代表的な副業といえばUber Eatsの配達でしょうか。暮らしがキツいから隙間時間にやるというのはしょうがないことですし、全否定するつもりはありませんが、時間と体力を注ぎ込む、その場しのぎの金稼ぎなのも事実。運動不足の解消にはなるかもしれませんが、そこで小金を得ても、大局的にいいことはあまりありません。

本業は給料が良くても達成感がなく物足りないとか、時間的余裕があるとか、今の仕事では得られないプラスアルファを求めるのであれば、経験を買うほうが大事だと思います。

副業というのも、収入を得ながら行う一種の投資だと考えるなら、ただ体力と時間を費やすのではなく、**将来的に資産を生むようなこと、つまり自分の価値を上げることにつながる新たなスキルや経験を身に着けられるような職種に挑戦するほうがいいでしょう。**

「定年退職まで会社が社員の面倒を見られない」

「優秀な人材を転職させたくない」

こうした理由から多くの企業でも副業を解禁しています。副業時代になって、仕事を複数持てるようになったのは素晴らしいことです。生活基盤となる本業を持った上で、もしかしたら面白く化けるかもしれない副業を持てるワクワクする時代になりました。

自分の経験やスキル、影響力をアップさせるという投資の意味で副業をやれば、お金も入るし、別の知識も得られるし、いいこと尽くめです。

6

今の仕事にベストを尽くす

生活基盤は崩さない

仮にあなたがＹｏｕＴｕｂｅを始めたところで、ゼロスタートの人間がすぐに思うような結果を出せるわけではありません。僕に「影響力を持ちましょう」と言われても、何をやったらいいのか皆目見当もつかないという人も多いでしょう。

特に、ラクをしたいがためにＹｏｕＴｕｂｅを始めた人は、半年頑張っても結果が出ないと心が折れてしまいます。発信すること自体が楽しくないから、やめてしまうのです。

でも、僕たち１ＧＡＭＥのように、「これが面白い！」、「とにかく人に見せたい！」と思ってやっていると、いつまででもできるものです。

原点は趣味であり遊びです。趣味や遊びの収益を当てにするのは無謀ですから、やるなら生活基盤はちゃんと整えてからやるべきです。週末のスポーツでもカラオケでも、好きで楽しいからやるわけで、そこでお金を使う人はいても、お金を得ようとして趣味をやっている人はほとんどいないはずです。ユーチューバーも本来、そうじゃないでしょうか。

ＹｏｕＴｕｂｅも本来は「遊びの披露の場」だったものが、お金を生み出すシステムにもなっていったことから「お金儲けの道具」として考える人が多くなり、一獲千金気分で挑戦する人が増えてきました。ただ、ＹｏｕＴｕｂｅを始めても、想像と違ってお金が入ってこないと焦ってしまい、他に生活基盤がなければすぐに困窮するので、やめるしかなくなります。もったいないですね、食べていけないことでやめてしまうのは。

最初のうちは食えないのは当たり前です、なぜならあなたにまだ価値がないのですから。価値が出るまでずっと続けてきたのが、成功しているユーチューバーです。ただし、自分が楽しくないと続けられないし、お腹が減っては撮影もできません。そのために、最低限の生活基盤は確保した上で、続けていくことを僕はオススメします。

仕事が中途半端な人間はすべて中途半端

「生活基盤は確保した上で続けよう」と言うと、本業を適当にやって、副業としてちょっと片手間でできる仕事で埋めていこうとする人がいます。このタイプが一番多いかもしれませんね。これだと確かに収入は増えるのですが、その人の価値は何も増えていきません。

無価値な時間の浪費をするなら、自己投資をするべきです。**特に意識したいのが、信用力を上げるための自己投資です。**こつこつと時間をかけて積み上げる。その結果を見て、人はあなたの熱心さを評価し、信用します。だから、少しの時間も惜しんで積み上げなくてはいけません。そう考えると遊んでいる時間も惜しくなるでしょう。

ところが、遊ぶ時間も大事なのです。理想としては、遊んでいる中で何かを吸収できれば最高です。例えば、僕はたくさん映画を見るのですが、その時間は無駄ではないと思っています。映画から取り入れた表現方法やカメラアングルを、僕は自分の作品でエンタメとして出力しているからです。ただ、最初から勉強だと思って見ると面白くないので、あくまで遊びというか、楽しんで映画を見るようにはしています。

自分の身にも骨にもならない時間というのは、すごくもったいないと思います。皆さんがやっている副業を聞くと、たいていが自分の価値を上げることのない、無駄なことをしているように感じます。**どうも目的と手段が逆転している人が多いようです。**

また、最近では「副業」ではなく、複数の仕事をこなす「複業」という言い方もされるようになってきました。メインの仕事（本業）とサブの仕事（副業）ではなく、同時並行で複数の仕事をやる「パラレルワーク」が自己投資にはベストです。

例えば、ユーチューバーを本当に目指すとしたら、まずはユーチューバーの編集のお仕事を手伝うのがいいかもしれません。今はどこも編集の仕事ができる人材を探していますし、その現場に関わるだけで吸収できることはものすごくたくさんあります。

ある意味で〝お試し〟で、実際にやっている人の現場を体感することから始めるというのもありだと思います。いきなりそれを本業にすると危ないですけどね。

いずれにしろ、本業あっての副業であり、遊びです。副業をやったり、ユーチューバーに挑戦するなら、今やっている仕事を完璧にこなした上でやりましょう。

よく「本業をテキトーにこなして副業に精を出す」なんて愚か者がいますが、それは本末転倒もいいところ、本業に対する背信行為です。

本業でロクな結果も出していないのに、副業に手を出すなど論外。仕事が中途半端な人は、すべてにおいて中途半端なものです。副業に限らず、YouTubeの動画作りで本業がおろそかになるようなことがあってはなりません。

「中途半端な人」にだけは絶対ならないよう、特に注意が必要です。

7

世間に認めてもらう

影響力を可視化する

僕が自分で「インフルエンサー」なんて言うのはおこがましいとは思うのですが、これまでにいろいろな情報発信をしてきて、ある程度、注目される立場になってきました。ここまで至って得た結論としては、人というのは結果を出さないと何の価値もないということです。**その結果を可視化してくれるのが、ＹｏｕＴｕｂｅのチャンネル登録者数、ＳＮＳのフォロワー数という数値です。**

そうした数値だけでその人の価値を測るというのは今の時代の良くないところでもあるかもしれませんが、その人の影響力というのは数値として可視化される時代でもあります。

つまり、インフルエンサーとして世間に認めてもらうためには、フォロワーの数が多くて、それだけの人に興味を持ってもらっているという証明をしなければいけません。

例えば、SNSを使った面白いことを思いついて、コンサルさんに大きなビジネスとしてプレゼンしたとしましょう。相手も乗り気になってきて、「では、実際にあなたのフォロワーさんの数は？」と聞かれて、「1万5000です」と答えたら、「え？　じゃあ企画の前提がおかしくないですか」と言われるのがオチです。

信用力が伴うよう努める

ネットの世界では、影響力はフォロワーという数値で表されます。それが「結果」です。ただ、フォロワーの数なんて今の時代、お金で買うこともできるのです。そうなるとその数字は、影響力を表している「結果」でもなんでもなく、信用できない数字ということになってしまいます。その数字に意味を持たせるのが結果であり実績です。あなたが何をやってきたか。その実績を目の当たりにすれば、「単なる数字」ではなく、そこに至る「実績のストーリー」が見えてきます。

信用によって「結果」に意味が生まれ、影響力がより強化される。そこまでくると数字が一番の説得力になります。数字というのも無形の資産、つまり「福の神」のひとつです。

影響力をビジネスに変換する

対価をもらえる仕組みを構築

自分が可視化した影響力、例えばチャンネル登録者数50万とか、フォロワー数10万という数字に対して魅力を感じる人や企業がいれば、ここにお金が降ってきます。

それはなぜか？　世の中には、その影響力を利用して自社の製品、商品を宣伝したいと考える人が片方では存在しているからです。そうであるなら、影響力をお金に換えていく方法を作ればいいだけです。

「お金は後から付いてくる」と言われますが、数字を持っているとお金は本当にどこからでもどんどん飛んできます。極端な話、こういう書籍のお話も来るわけで。その他にも、月額課金でオンラインサロンを開けば、月会費を払って入会してくれる人もいますし、パチンコホールからは収録を入れてくれと声が掛かりますし、メーカーからCMやタイアップの話も来ます。好循環でお金がボコボコ入ってくるようになります。自分のウェブサイトにGoogleの広告を貼るのもそうでしょう。ただし、これを可能としているのは、あくまで数字があるから。数字ができた後は、お金に換える仕組みというのを数多く作っていけばいいのです。ここでやっとお金（マネタイズ）の話になっていきます。

例えば、アスレチックだけをやっているYouTubeチャンネルがあるとしましょう。「これ、どうやってお金にすんねん？」と思うのですが、やり方はいろいろあるのです。簡単な例を出すと、ある運動器具のメーカーの商品を撮影に使うのと引き換えに、そのメーカーにスポンサーになってもらうのもひとつ。このスキームを作れば、自分は番組をただ撮っているだけで、ばかばかお金が入ってくるということになります。

実際には、マネタイズしやすいコンテンツモデルと、しにくいコンテンツモデルとあるのですが、いずれにせよ、お金を生む方法というのは、コンテンツにくっつけて考えておかないといけません。そう考えると、動画広告だけでなく、オンラインサロンやCM、書籍と話が舞い込むパチンコは、かなりマネタイズしやすい部類だといえます。

ただし、これも信用が減るとできなくなることなので、本当に信用だけは絶対に切り崩

さないように貯めておかないといけません。

信用の貯蓄を増やし、減らさないようにする

新入社員のサラリーマンがお金の作り方を語っても誰も聞きませんが、「この人、お金を稼いでます」という数字で出ていれば、ビジネス成功本を書いてもみんなが読んでくれます。ビル・ゲイツがしゃべったら嫌でも聞きます。それが信用というものです。

ネット時代になると、無名のド素人でも数字が取れるようになりました。数字が取れれば誰でも信用され、仕事が来ます。誰にでもチャンスがあるのです。

それがわかっているというのに、みんな「お腹減ったー」なんてツイートしているから、「君は何がしたいんだい？」と僕は聞きたくなってしまいます。

例えば、「ペプシチャレンジ」みたいなSNSを利用した広告があります。面白がって、「本田圭佑に勝った！」なんてやっている人もいますけど、「君、それ発信じゃなくて、ペプシのCMをしているんだよ。しかも無償でね」と皮肉を言いたくなります。

前述した「ひっそりお金配りおじさん」にしても、僕が「別にあの人のことが嫌いなんじゃなくて、あのやり方が嫌いなだけ」と言うと、すごい反発があります。

「お金を配っているだけでいい人じゃないか！」「得しかないのに、たたく意味わからん」と擁護派がケンカを売って来るのですが、「いくらもらったの、君は？」って反論します。

「お金をもらってないのであれば、君は彼の広告に無料で加担しているだけであって、対価を得てないいんだぞ。それ、自覚はあるかい？　君はフォローするだけ、リツイートするだけ、ボタンを押すだけって思っているかもしれないけど、それって君が思っている以上の経済価値がある行動なんだよ」って。そして、「みんなその数字が欲しくてコンテンツを作って、ＣＭ料金を払ってまでやっているのに、それが理解できないからずっと消費者のままなんだよ」なんて言ってしまうと、また怒ってしまいます。「そんなことない！ワンプッシュで可能性が買えるんだぞ」と。

「だから、それをみんなわかっているから利用するんだよ、君たちを」と教えてあげるのですが、理解してもらえませんね。それくらい、時間と体力を浪費する行為から、時間と体力を使って、信用の貯金を殖やすための行為へと転換するのは難しいようです。

さて、貯金した信用を減らさないようにするにはどうすればいいでしょうか。コツは、受けた仕事の期待値が「１」だった場合、「１・２」で返すくらい、**全力で成果を上げていくことです。**「１」以下で返すと、仕事はみるみる減っていってしまいます。

信用力をビジネス展開に利用する

信用力が生む利益について範囲を広げて模索する

世の中、お金になることは、自分が想像しているより多いものです。

僕たちだって、「え、これってお金になるの？」、「あ、これ買ってくれるんだ」ということの積み重ねでここまで来ましたから。だからこそ、逆に最初に細かく想定していると、可能性がものすごく狭まってしまう恐れがあります。**最初はあまり欲をかかないで、面白いものを作ってひたすら見る人を増やす、影響力を増やすことだけ考えるべきです。**

「あ、増えてきたな」と思ったら、いろんなことが勝手にくっついてきます。「ここをこうしたらお金になりますけど、やりませんか？」と声が掛かることも出てきます。どういう仕組みにするのかは、そこで選べばいいのです。

とにかく影響力と発信力だけを突き詰めていく方針で進んでいくと、「え、こんなのお金になるんですか？」みたいなパターンが出てきます。

例えば、どこそこに行って写真を1枚撮るだけで、「え、これ10万円もらえるの？　ウソ！」みたいなことに平気で出くわすことになってきます。

ただ、その時は正直に伝えないといけません。ウソを言ってステマ（ステルスマーケティング）に協力して、それで信用を落とすようなことは避けたほうがいいでしょう。

お金と交換できるモノの多さを知る

その段階まで行かないとわからないのですが、世の中には思いのほか「お金になること」が多いのです。僕が知らなかったＧｏｏｇｌｅの広告もそうです。

僕の初めての動画収録は、「タダでいいからやらせてください。とにかく僕らは配信がしたいので、営業中、撮らせてください」とパチンコ店にお願いするところからスタートしました。「ダメだ、ダメだ」と断り続けられる中で、ブログで影響力を得たこともあって、何とか撮り始めることにこぎ着けたのです。

何度かやっていくうちに再生に数字が付くようになりました。そうしたらＧｏｏｇｌｅ

からもお金がもらえるということが起こり始めます。

メチャクチャ再生数をたたいたら、今度はお店から引っ張りダコになって、「50万払うから来てくれ」、「60万払うから収録をしてくれ」、「100万払うからYouTubeで流してくれ」と言われるようになって、「こんなんでそんな金もらえるんですか？」という世界に勝手に突入していくのですよ。

こんなことは昔はなかったと思います。昭和や平成中期までは、オーディションに応募して、あるいは運良く街でスカウトされて事務所に入って、事務所が営業を努力してようやく、ほんの一握りの人が何とかテレビに出ることができるという狭き門でした。それが今では個人でできてしまいます。

1GAMEの動画で紹介された機種は稼働率が上がる――これが僕たちの大きな武器です。それほど有名じゃない機種であれば、動画でプロモーションした翌日に明らかに稼働が伸びるので、そこは僕らの売りにしています。

新機種を出すと徐々に稼働が落ちていくのは当たり前ですが、僕が動画で取り上げると息を吹き返すということは数値化されてわかるので、特に小規模なメーカーから信用を得ています。

大きなメーカーは元からコンテンツが強い巨大な船みたいな状態ですから、僕らが関わっても上がり幅が緩いので、なかなか手応えは感じてもらえないということもあります。10のものが20になれば倍ですからすごいですけど、100のものが110になっても効果は薄く感じることでしょう。

もちろん、僕らも「S－S（機種ごとの営業データなど）の数字を上げました」と、ここぞとばかりに言いますけどね。ちょっと自分のことを大きく見せるのも大事です。

つまり、僕たちの持っている影響力、発信力、そして信用力というのはお金に変えていくことができるものだということができます。

ちょっと驚いた例では、ドン・キホーテさんから「1GAMEのグッズを売りませんか？」と持ち掛けられたこと。それでグッズを作ったら売れました。そんなこと、考えたこともなかったですけどね。最初、ドン・キホーテの秋葉原店でオリジナルグッズを販売したら、整理券が一瞬でなくなったという伝説が残っています。影響力を持てば「何でもお金になるんだ」ということがよくわかった出来事でした。

ただ、ネタで作ったお面だけは大量に余ったことは内緒です（笑）。

10

Rich Time

仲間を作る

他人の協力を得て価値を飛躍的に高める

1GAMEでは、チームを作ることでリスクを分散化して、定期的な配信とクオリティーが担保できています。ある意味、コンテンツの製造ラインを作っているので、定期的に商品を提供することができ、クオリティーも落ちることはありません。

最初はみんなでいじくって作っていましたけど、今はもうある程度マニュアルがあって、ラインに乗っかって作っています。工場みたいにはなっていますが、無機質ではありません。言いたいことは、影響力をビジネスに変換する仕組みさえ構築してしまえば、あとはお金もずっと自動的に付いてくるということです。

スタート時から収益化を夢見るのはいいのですが、不確定な要素が多過ぎます。素直に自分の好きなことをやるほうが気持ち的にもラクですし、お金が必要になったら取る方法を考えるというほうがいいと思います。

そもそも最初の立ち上げの時点では収益化できるほどの価値を何も生んでいないのが事実です。ただ、ある程度伸びた時に、面白いことに今の世の中というのはすべてのサービスが勝手に収益化してくれるようになっています。

数字が伴っていくと、何もしなくても勝手にお金が付いてきます。「お仕事お願いできませんか？」というメールのやり取りだけで仕事が成立するのは今の時代のメリット、利点です。昔だったら、仕事をするのに営業に行かなければいけなかったですから、そんなことはあり得ませんでした。今の時代、営業する力がまったくいりません。

自分で仕組みを作らなくても、勝手にできてしまうパターンも往々にしてあります。ここまで来ると、何もかもオートメーション化されます。影響力があって信用も伴っていて、手間も分散できている——この状況がベストな状態であり、これが最初に目指すべき目標地点だと思います。この状態になって、やっと起業です。それなのに、これまで述べてきた手順を全部吹っ飛ばして、みんないきなりこの状態から始めようとします。

昔は全部僕ひとりでやっていましたが、もう僕が営業に行く必要もないし、お金のやりとりをする必要もありません。細々《こまごま》した計算なんかしないで、事業のＰＬ（損益計算書）の数字を見て、「今後はこうしましょう」と言うだけで済むので、どんどん経営者サイドに行くのですが、初めからここになろうとしても無理です。

こうしたメディアを作っていくのは、積み重ねで時間が掛かるし、面倒くさいし、何といっても地味だから、みんなそこから逃げてしまいます。

時間と体力は価値が値上がりしたら投資を控える

僕は20代ではお金を追って失敗し、30代になって楽しむために1ＧＡＭＥを始めて、40代になるちょっと前に事業投資のところまで持っていけました。まさに遅咲きです。

ここまで来ると、ある意味で「コンテンツビジネス」になります。本来は著作権を持つ書籍や楽曲、ゲームを売って、その印税を得ていくビジネスのことですが、動画配信というひとつのメディアを作ってさえいれば、あとは自動的にお金が入ってくるので、そこは若い人に任せて、僕は次のビジネスに向かっていけるのです。

今の時代、メディアを保有しているかどうかがすべてです。誰でも持てる反面、作るのは大変です。しかし、1個作れば次々と回っていくので、自分なりのブランド（価値）を構築できたのなら、事故、事件を起こさない限り、あとはいいようにしか転がらないものです。このブランドというのも「福の神」のひとつです。

ただ、事件を起こす可能性も含めてリスクヘッジはしたほうがいいでしょう。例えば、女遊びが大好きなキャラクターを初めから作っておけば、別に不倫したところでたたかれることはありません。つまり、いい人というか、クリーンなイメージを作れば作るほどリスクが大きくなるのですが、クリーンなほうが人気は上がりやすいのは間違いないので、自分の中でバランスを取るように考えましょう。

僕はヒールキャラですから、どれだけ人に暴言を吐いても「アイツらしい」ということで終わるので、非常に気がラクです。プロレスラーでも、ヒールの人がちょっと丁寧語を話しただけで「あれ、こいつ意外といいヤツ？」なんて思われて、ベビーフェイスが忙しくてサインを断っただけで「何だよ、あいつ感じ悪い」なんて言われてしまいますから。

ホールの人も僕と初めてお仕事をする時は、かなり警戒しています。動画の中の「てつ」のイメージが強いですからね。「何かボロクソに言われるかもしれない」と構えているのですが、実際の僕——1GAMEてつの〝中の人〟——は普通の人間なので、行くと、「あぁ～普通の人が来て良かったです」と言われます（笑）。

Column

てつの妖回胴中膝栗毛②

そのSNSの発信に、意味はありますか？

今の20代の人たちは「ｍｉｘｉ」を知っているでしょうか？ 10年くらい前に人気のピークを迎えた、SNSの走りとして大流行した招待制のコミュニティーサービスです。今でいうとFacebookに近いかもしれません。一般的には、そこで日記を書いて、ページに訪問した「足あと」を付けてもらって、友達を作って……という使い方をしていました。僕は、足あとを付けてコミュニケーションを取れば顧客にしやすいというアプローチで、ずっとｍｉｘｉをツールとして使っていました。

たぶん、そこから僕のネット人生のすべてが始まっています。同じｍｉｘｉというツールを使っていても、消費者になるのを避けることを心掛けるだけで「発信」に化けるということに自然と気が付きました。でも、いまだに多くの人がそこを理解していないようです。何ででしょう、不思議です。

こう言うと驚かれるかもしれませんが、僕は基本的にSNSが嫌いです。これまでたくさん投稿しておいて、申し訳ないですが（笑）。**自分の発信に使っているだけで、大した情報がないので、受信にはまったく使っていません。**

多くの人が、SNS上で「この芸能人が不倫した」とか「あの人が破産したらしいよ」などというニュースを見て、それで情報を受信した気になっていますが、「それって、あなたの人生に必要？」と思ってしまいます。

SNSをやるからには、「うわ、こんなすごいこと、面白いことしているんだ！」と言わせる側にならなければいけないのに、たぶんみんな勘違いしています。

「あなた、発信していますか？」と言うと、「発信している」と答える人も多いですが、「それが何を生んでいるの？」と言うと、まったく何も生み出していないというのが現状です。「感動した！」とか「尊い！」とかやっていても、まぁ消費者です。消費者の立場でなくなることが第一歩です。

インスタなどもそうですけど、「友達と〇〇食べました〜」なんて、何の意味があるんでしょうか。これ、僕の定義では発信とは呼びません。

お金よりも大事なものを得たブログ制作

僕はブログでパチンコジャンルのランキング1位を取りましたが、ブログの収入は単純にPV（ページビュー）、つまり閲覧数で決まります。

僕は月間最大で150万PVぐらいいたたいていましたが、その時の対価はサラリーマンの初任給ぐらいです。そのレベルです。労力とは合っていないと思いますが、それでも個人でやっているウェブサイトの中ではいいほうだったでしょう。

今のまとめサイトみたいなものは事業化していることが多いので、スタッフを雇って作っている場合が大半です。

そうしたところに比べれば規模は小さくなりますが、個人でできる限界値まで頑張って、今やっているサラリーマンの収入の倍がせいぜいという感じでしょう。

時間はもうめちゃくちゃ取られます。

ただ、僕にとっては、お金よりも影響力を手に入れられたことのほうが大きな収穫でした。お金は本当にお小遣いみたいな感じです。

そもそもブログにしても、始めた動機は単純にお小遣い目的ではなくて、1GAMEの知名度を上げるためにやったことで、副産物としてお金が入って来ただけです。

皆さんはビックリするかもしれませんが、僕はブログを始めた頃、広告を貼れることを知りませんでした。途中で「え？　広告って貼れるんだ」って驚いたくらいで。

僕はアフィリエイト（成功報酬型の広告）しか知らなかったので、最初はAmazonのリンクを貼っていただけでした。「え、Googleって広告を貼れんの？」ということを知って、後から貼ったのです。

まさに体力と時間を使って、名を売るためだけに始めたものですから、お金は目的ではなかったということです。

僕は「1GAMEのてつ」としてブログを書く以前、20代の後半の時から社長ブログを書いていました。それがきっかけでテレビ取材が入って、会社はどんどん大きくなっていきました。

そのブログでは、毎日毎日その業界のことを面白おかしく書いてきましたが、そこで稼ぐつもりははなからありませんでした。

とにかくお客さんに来店してもらおうと話題作りのために始めたので、そこで広告収益を取るなんて考えたことが一度もなかったのです。そのようなビジネスモデルも、僕の人生にありませんでした。

だから、広告収益のことを初めて知った時には、「これ、最初からやっとけば良かった。あんだけ数字取って、俺、いくら損したんだろう……」という思いはありました。損はしてないですけどね（笑）。「それ、早く言ってよ〜！」って、松重豊さんばりのリアクションはしましたよ。

本当なら手に入れられたかもしれない広告収益は惜しいことをしたとは思いますが、ブログ制作に体力と時間を使って投資した結果、知名度、影響力は得ることができました。

こうしたものは途中で流行りすたりがあって浮き沈みがあっても、ゼロは切らない性質のものです。マイナスには行きません。そういう意味では「０円投資」です。

中には、「ＹｏｕＴｕｂｅなんて０円で買える宝くじだ」と言う人もいます。僕としては「宝くじ」という表現にはちょっと賛同はしかねる部分はあります。なぜなら努力がすごい必要で、決してラクではないですからね。**ただ、「０円でできる」というのは基本的にその通りです。**

それなのに、みんな最初からお金をかけてしまいます。勇気あるなって思います。

でも、そのわりには「最短でラクしたい」という気持ちが潜んでいます。「最短でラクしたい」という欲望が潜んでいる限り、成功するのは無理だと思います。

今やっていることの先に何があるのか考えて、今やっていることに注力していくことが大事です。

しかし、最短でラクしたい人はすさまじいビジョンを持っています。あまりに遠過ぎるビジョンで、もはや妄想の世界です。

「YouTubeで成功して、大金が入ったらハワイに別荘買って……」なんて、上手くいくことしか考えていないから、ちょっとでも思い通りにいかなくなると、すぐに諦めてしまいます。人間、どんな頑張っても3年先ぐらいまでしか見えないものですよ。

芸能人がYouTubeに進出して失うもの

最近、新型コロナウイルスの影響もあるんでしょうけど、YouTubeに芸人さんやタレントが進出してくることが多くなってきました。

実はあれ、タレント自身のクビを絞めかねない、本当に危ない行為であることを、どれだけのタレントさんが自覚しているのでしょうか。

例えば、本当にこの人には価値があるのかどうかというのは、ＹｏｕＴｕｂｅチャンネルを開けば一発でわかります。佐藤健さんとか本田翼さんとか、頻繁にコンテンツを投稿しているわけではないのに１００万登録をぶち超えるというのは、世間の注目度を表していることになります。

一方で、テレビによく出ている人でも、始めた瞬間に登録者数５０００人くらいで止まってしまう人もいます。**ＹｏｕＴｕｂｅの怖いところは、その人の影響力というものが可視化されてしまうということなのです。**

例えば、テレビ番組によく出ている芸人さんだからといって、人気、実力が必ずしも伴っているわけではなく、「使いやすい」という理由で起用されている場合もあります。メディアにいっぱい出ているからといって、自分の影響力を過信してＹｏｕＴｕｂｅなどに踏み込んでしまうと、逆に「この人、こんなにしょぼい人だったんだ」ということを数字で可視化してしまうという、最悪な事態に陥ります。

これが今の芸人さんたちの背負っているプレッシャーであり、ＹｏｕＴｕｂｅなどに参入できない障壁となっています。もちろん、再生回数もしかりです。

タレントの勝俣州和さんは、あれだけテレビに出ているのに「ファン０人説」がささやかれて、それを検証するために20年4月にYｏｕＴｕｂeチャンネルを開設したところ、約1カ月でチャンネル登録者数は約７００人、視聴回数合計は約９０００回と、恐ろしい数字を可視化させました。

その後、それがネタとなって話題となりましたが、開設半年以上を過ぎても、登録者数は３・５万人にとどまっています。

僕たちみたいに何も持ってない、スタート地点がゼロの人間は、積み上げていけばいい話なのでやればいいだけですが、芸能人さんがなかなか入りにくいのはこういうところにあります。

例えば、元国民的人気アイドルグループのメンバーだった人が鳴り物入りでYｏｕＴｕbeに参入してきましたが、チャンネル登録者は40万人に達していません。

そうすると、現時点で佐藤健さんとの力量差が１５０万人ぐらいあるということを可視化してしまうことになります。

こういうことは信用をなくすと僕は思っています。〝大物〟だと思われている人こそ、あまりやらないほうがいいというのが正直なところです。

逆に言うと、本田翼さんや佐藤健さんなどは、やっぱりそのぐらいのすごい人だったんだなと思うので、結果論としてはＯＫですけど。

えげつないマイナス効果を生むリスクのあるＹｏｕＴｕｂｅ

例えば、テレビの人気番組に出ている芸人さんにとって、ＹｏｕＴｕｂｅは危険なメディアです。もしＹｏｕＴｕｂｅの企画で数字が出ないと、芸人さん単独の影響力はないということが可視化されてしまいます。これは怖いことです。

逆に、そこをぶち抜ける人というのは、番組が何であろうがイケてる人だったということが見えるので、「やっぱりすごいんだね」という結論に達します。要は数字というのは、はたから見てすごい人かどうかという証拠になるというわけです。

テレビタレントにとって、ＹｏｕＴｕｂｅ進出は諸刃の剣です。今テレビに出ている人ほど危なくて、みんながビビっているのは事実です。**安易に進出して、散っていった人が山ほどいます。**

その中で、すごく頑張っているなと僕が思うのが、「ヒロシです」という自虐ネタで一世を風靡《ふうび》したヒロシさん。今はキャンプ、アウトドア系の動画で再ブレークを果たしています。

ヒロシさんは、影響力うんぬんとか関係なしに、たぶん自分が好きなことをやりたいからやっています。何となく名前は聞いたことがあるという程度のアドバンテージはあったでしょうけど、一発屋芸人としてもう終わったと思われていた状況から発信しているので、登録者数が数十万人でも、「えー、ヒロシさんって数十万人もいるんだ、すごいね」となって当然です。なんと、今ではYouTubeチャンネルの登録者数が100万人を突破しましたから、本当にすごいなと思います。

一方で、知名度抜群のタレントが40万人に届かないとなると、「ああ、人気が落ちたんだな」というすごくマイナス効果の強いプロモーションになってしまいます。YouTubeで小銭を得るために信用を落とすのはえげつないマイナス効果になります。

逆説的に言えば、YouTubeでチャネルを作るのは芸能人にはリスクがあるものの、**無名の人からするとこんなにいいものはありません**。登録者数がマイナスになることはありませんし、そもそも失う名声もありませんから、メリットしかないのです。

テレビなどで人気がある人ほど数値を可視化するゾーンに入らないほうが賢明です。テレビというのは、上手いことボヤかしてくれます。テレビでは演者の評価というのはまったく可視化されずに済みますから。

視聴率という意味では、業界内では可視化されますが、視聴者に対して、この人がどの程度のパワーを持っているのかということまでは可視化されることはまったくありません。

そういう意味では、今は残酷な時代になっているのですが、一般人からしたらメリットしかありません。

その代わり、結果を出すまで誰にも信用されないので、「登録者100人しかいないんですけど、頑張っています」なんて言ったところで、誰にも相手にされませんけどね。

パチンコ・パチスロ動画の中には広告タイアップもある

いわゆるパチンコ・パチスロ動画チャンネルの中には、メーカーが制作費と出演料を払ってくれる広告タイアップ、いわゆる「メーカー案件」の動画も紛れています。

僕たち1GAMEがメーカー案件が一番多いように思われているようですが、そんなことはありません。逆に僕たちは、メーカー案件が少ないほうです。

ただ、なぜ多いように見られるのかについては心当たりがあります。**なぜなら僕たちはメーカー案件であることを隠さずに言うからです。**「これ、お仕事依頼されています」って。

他のチャンネルはいわゆるステマで、広告・宣伝であることを隠してやっている場合が

お手数ですが
切手を
お貼りください

郵便はがき

150-8482

東京都渋谷区恵比寿4-4-9
えびす大黒ビル
ワニブックス 書籍編集部

お買い求めいただいた本のタイトル

本書をお買い上げいただきまして、誠にありがとうございます。
本アンケートにお答えいただけたら幸いです。
ご返信いただいた方の中から、
抽選で毎月5名様に図書カード(500円分)をプレゼントします。

ご住所 〒

TEL (- -)

(ふりがな)
お名前

ご職業

年齢 歳

性別 男・女

いただいたご感想を、新聞広告などに匿名で
使用してもよろしいですか? (はい・いいえ)

※ご記入いただいた「個人情報」は、許可なく他の目的で使用することはありません。
※いただいたご感想は、一部内容を改変させていただく可能性があります。

●この本をどこでお知りになりましたか?(複数回答可)

1. 書店で実物を見て　　2. 知人にすすめられて
3. テレビで観た(番組名：　　　　　　　　　　　　　　　　)
4. ラジオで聴いた(番組名：　　　　　　　　　　　　　　　　)
5. 新聞・雑誌の書評や記事(紙・誌名：　　　　　　　　　　)
6. インターネットで(具体的に：　　　　　　　　　　　　　)
7. 新聞広告(　　　　　　新聞)　8. その他(　　　　　　　　　)

●購入された動機は何ですか?(複数回答可)

1. タイトルにひかれた　　2. テーマに興味をもった
3. 装丁・デザインにひかれた　　4. 広告や書評にひかれた
5. その他(　　　　　　　　　　　　　　　　　　　　　　)

●この本で特に良かったページはありますか?

[　　　　　　　　　　　　　　　　　　　　　　　　　　　]

●最近気になる人や話題はありますか?

[　　　　　　　　　　　　　　　　　　　　　　　　　　　]

●この本についてのご意見・ご感想をお書きください。

[　　　　　　　　　　　　　　　　　　　　　　　　　　　]

以上となります。ご協力ありがとうございました。

ほとんどなので、メーカー案件に見えていないだけです。

僕たちは極力というか、一切ステマはやっていません。中には、「ダイレクト・マーケティング（消費者に直接商品情報を提供する販売促進方法）だと言わないでください」と条件を付けられることもあるのですが、バレるようにやります、あえて。「これ、絶対案件だろ」と言われるような言動を僕はします。

「これは素晴らしいですね」と半分ギャグでワザとらしくほめる時や、明らかに棒読みしている時はそうです。

「これはお仕事なのでほめています」というのは、ちゃんと伝えないとダメだと考えています。ステマというのは、バレた時に一番たちが悪いものです。「なんだよ、あいつカネをもらってあの機種をほめてたのかよ」なんてことになると、ユーザーの信用を一気に失いかねません。

そのため、逆に案件ということを面白がってもらうような仕掛けも考えます。メーカーさんの中には心の広い会社もありますので、ここまでイジってもいいのみたいな寸前までは踏み込んだりします。

もちろん、それが面白ければ、この機種の存在が周知できるというようなやりとりはちゃんとしています。

CM、案件だと言っているのに、「言ってはいけなそうなことを言う」のも、僕たちのひとつの売りになっています。

現実として、ステマだと企業側も依頼しやすいですし、媒体側も仕事として受けやすいということもあります。そのため、パチンコ業界はステマだらけです。ほぼ全部ステマをやっているような人気のユーチューバーもいますよ。

僕たちがちゃんと評価しているふりをして、実はお金をもらっていたとなると信用がガタ落ちですが、最初に「お金もらっているのでやります」という言い方をしていれば、信用を失うことはありません。「だって俺、お金好きだもん」みたいなことを言って振り切ってしまえば不快感はないからです。

人が一番不快感を覚えるのはウソをつかれた時です。

ビールでもお菓子でもCMで「おいしい」とタレントが言っていたのに、本当はおいしくないというのは、それは別に構いません。ただ、いかにも本音かのように語っていたことがお金のためのウソだったというのがわかると、すごくガッカリさせます。

それは、せっかく積み立ててきた信用を一気に失ってしまう行動です。だから信用とお金は引き替えにしないほうが絶対いいのです。

逆に、それだけのリスクがあるものですから、CM、広告の出演料は高額に設定されているのです。

企業案件でもムチャクチャする媒体で何が悪い！

1GAMEは、最初は遊びでやっていたのですから、「メーカー案件」の話が来るなんて、まったく思ってもいませんでした。

そしたらある日、僕の番組を欠かさずに観てくれているあるメーカーさんの広報の偉い人が、「プロモーションとか考えなくていいから、うちの商品を面白おかしく紹介してよ」と言ってきたことから始まりました。

「ほめちぎるのは嫌ですけど、ムチャクチャやっていいんであればやらせてもらいます」と言ったらOKが出たので、プロモートするべき台をほめないで、しかも他メーカーの機種の名前をバンバン出したりしたことから、「企業案件でもムチャクチャする媒体」という変な知名度を作っていきました。

そのメーカーさんは「面白けりゃ何でもいい」というところだったので、上手くフィットして視聴者からの信用も失わずに済みました。

視聴者にしても、「こいつ、急におべんちゃら使っているな」と感じると冷めると思います。今まで散々「なんだ、このクソ台は！」なんて言っていたヤツが、「キャラクターも魅力的で出玉設計も素晴らしいですね」とか言い始めたら、「急にどうしたのお前？」と思われて当然です。

でも、僕らが持っていたパンクさを失わずに、「企業案件のお仕事でもムチャクチャするのか、こいつは！」みたいな信用が作れれば、大切なお客さんをガッカリさせないで済みます。

僕は、何よりも「ウソはつかない」というのは大事にしています。そこの期待を裏切ると後が怖いのです。

だからこそ、メーカー案件なんて絶対に来ないと思っていましたし、それで収益を上げようなんて思いもしませんでした。むしろ、やり過ぎるくらい番組でやりたい放題をしていたので、メーカーさん全部を敵に回すと思っていたくらいです。

今となっては複数のメーカーさんとガッチガチに仕事をやっています。それは、会社の中の人たちが僕たちのコンテンツに対して面白さを感じてくれたというのが一番です。

担当の人にとっても、数字というのは会社の上層部に話を通すための材料になるという価値がありました。でも、僕たちを起用したいというのは趣味みたいところが半分混じっているということがあるので、僕たちを理解してくれて、比較的自由にやらしてくれています。ありがたいことです。

登録者数は何万人で一人前ユーチューバーか

時間と体力を使ってどんどん名前を売っていって、影響力を可視化すると信用と能力が伴うので、仕事を受けても結果で返せるようになります。だから、何度も言うように、最初から収益化を考えないほうがいいのです。

ちなみに、ＹｏｕＴｕｂｅなら登録者数が最低10万人はいないと企業から相手にされないと思います。とはいえ、登録者が非常に特化している場合は5万人しかいなくてもいい場合もあります。

例えば、すべてにおいてアダルトグッズしか紹介しないようなチャンネルであれば、アダルトグッズの会社はここに広告費を投下するはずなので、そういう特化型はいいと思います。ニッチなところにいけばニッチ需要を取れることはあるでしょう。

ただし、よくある「○○をやってみた」といった、みんなからの人気を集めたいチャンネルになってくると、10万はいないとたぶん目にも入らないと思います。**だいたい50万人登録でやっと中堅、100万人いって一人前です。**僕らが今56万人登録なので、ちょうど中堅くらいです。

19年4月に出した『パチスロ馬鹿が動画配信を始めたら——』の帯にはチャンネル登録者数が40万人と書いていましたから、それから1年半ぐらい経って、16万積み重ねたことになります。

その理由を分析してみると、常にコンテンツを途切れることなく定期的に配信し続けているのと、クオリティーを極端に下げずに維持していることが挙げられます。

40万人の登録者がいるということはそこそこ認められてきたということですから、その時にクオリティーを担保し続ければ、また新たな人が入ります。

ラーメン屋さんも同じで、ずっとある程度並んでいるお店は、常連さんばかりではなく、「なんか並んでるから入ろうかな」という人も新規として入ってきています。1回テレビに出てブレークしただけとか、味が落ちてきたら、行列はできなくなります。

いずれにしろ、YouTubeやSNSの数字というものは、その性質として下がるということはほぼありません。例えば、オンラインサロンなどは会員数が下がることがありますが、あれは毎月お金を取っているから。価値を感じなかった人が辞めていくことが当然あります。

一方でYouTubeは、わざわざ登録を解除するのは逆に面倒くさいものです。よほど大事件でも起こしたり、視聴者からの憎しみを買わない限りは減ることはありません。だから続けていけば続けていくほど増えていきます。どんな人でも1~2万くらいはいけるのですが、そこからは減ることはなかなかありません。

ただ、積み上げる速度は変わっていきます。僕らも最初の2年ぐらいは右肩上がりで急激に増えていきましたけど、そこからはずっとなだらかになってきています。それは、僕らの人気どうのこうのではなく、もうパチンコというジャンルに興味を示す人間の総数がそれほど多くはないということでもあります。業界全体、少し斜陽ですしね。

頑張れ、パチンコ業界!

［第３章］

貧乏神の作り方

「貧乏神」の正体は自分へのコンプレックスや他人への妬みだったりします。まずはあなたが行っている悪習慣の数々を改めましょう。

あなたはわざわざ貧乏神を集めてはいないか？

「貧乏神」とはどういうものか、その正体を突き止めるためにちょっと論考しましょう。

僕は、他人の「何か」が気になる人というのは、そこに自分のコンプレックスがある人だと思っています。

第一の例として、人の年収が気になる人は自分の仕事にコンプレックスがあるということ。これを思ったきっかけというのは、あるタレントさんの年収についてSNSでワ〜ワ〜言われているのを見ていて、「なんでそんなに人の年収だけで見る目が変わるんだよ」とたまりかねて、ブログで書いたことです。

人間である以上、絶対にやっかみ、妬みはあるので、もうそれはしょうがないとは思います。ただ、自分が今の仕事を一生懸命やっていて満足してたら、人の収入なんて別にどうでもいいはずです。毎日自分が楽しんで仕事してたら、「僕には僕の幸せがある」と思えるのですが、他人のことばかり見ている人は、自分の仕事に絶対不満を抱えています。

その不満がある状態をSNSで言葉として解消してしまうから、状況は何も変わらないままです。「俺たちの金で儲けやがって。消えちまえ、この野郎！」と不満を言えばすっきりするから、自分の抱えている不満を放置したままにするのです。

容姿に関してもそうです。「あいつブスのくせに」とか、整形だ写真の加工だと言うのは、自分の容姿に自信がないから言うのです。例えば自分がダレノガレ明美さん並みのルックスだったら、そんなこと言って他人に咬み付こうとも思わないでしょう。

また、ネット上の他人の発言が気になる人というのは、自分の影響力のなさにコンプレックスがあります。だから、自分の発信が何万という人に届くような状態であれば、批判をすることはあってもいいと思いますが、人の発言に対して、「一貫性がない」とか、いちいち揚げ足取りとかしないものです。戦っているわけじゃあるまいし。

一貫性がないのは、それは人間だから。朝令暮改もするし、考えも変わっていくものです。それがどうしても気になる人は、自分が発信する能力がないので、発信力のある人を観察するしかありません。

だったら自分が影響力を持って、自分の思うことを発信すればいいだけです。なのに、ずっと人の発言にケチだけを付ける人というのは、自分の影響力のなさを放置しているだけです。

それから、人が何かを目指して頑張っているとか、人がやっている行動がやたらと気になってしまう人というのは、自分の能力にコンプレックスがある証拠です。

本当はやればできるかもしれないのに、「これは俺にはできない」と引け目を感じてしまうと、一生懸命やっている人に対して「無駄だ」「偽善だ」「ダセェ」と言うしかなくなって、それで発散してしまいます。

自分ができないことをやっている人を否定することで、「自分はそうじゃなくても大丈夫」と安心できるからです。これ、一番危ないですよね。

問題なのは、妬みや汚い言葉で発散はできても、根本的にコンプレックスと向き合おうとはしていないことです。

例えば経済面でコンプレックスを抱えている人だと、目の前にすごい大金持ちがいたとして、その人がすごい人格者でいい人であっても、なんか「イケ好かない」と思うはずです。でも、その人の悪口を言ったところで、自分がお金持ちになれるわけでも、コンプレックスが解消できるわけでもありません。

だったら、その人を目指せばいいじゃないですか。「俺もこういう人になりたい」と思えば、**この人は何をしているんだろうと観察して、真似するようになります。そうすればどんどん目標に近づいていけると思います。**

それなのに、「いや、あいつはどうせ悪いことをしているだろうし、気にくわない」といって、むしろ揚げ足を取ることをやり始めると、似たような人がSNSの世界にいっぱいいることに気が付きます。そこで繋がり始めて、「そうだ、そうだ！」となっているだけで、「あいつをこんなに大勢の人間が否定しているんだ」と、安心できるのです。

そうすると、もうあそこを目指さなくていい、目指す努力をしなくていいと自分を正当化できてしまうので、それ以降は前向きに進まなくなってしまいます。そう考えると、わざわざ自分で逆につらいほうに行っていることがわかります。

発散して一時的にスッキリはするかもしれませんが、何の問題も解決していません。だから次の日にはまた悩んで、今度は違う人を攻撃し始めるのです。

そもそも、コンプレックスは悪いものばかりではありません。コンプレックスを「いつか見てろ！」「くそったれ！」という努力のエネルギーに変換して、成功を収めた人などいくらでもいます。だから、しょうもないSNSなどでエネルギーを発散してしまうのはもったいないことです。

以上のように、「貧乏神」とは自分にとって絶対マイナスになる悪習慣の数々です。では、具体的にどのような行為が貧乏神を育ててしまうのか、見ていきましょう。

貧乏神の正体

資産の消費と浪費

もうおわかりかもしれませんが、「貧乏神」という比喩で示しているのは、結局、すべてこれまで述べてきた「資産」というものの浪費活動、浪費習慣のことです。

あなたの持っている経験や知識、スキルというのを寝かしておくのはもったいないことです。なかなか今の仕事に活かせないということはあるでしょうが、複合的な経験、キャリアを掛け合わせていくことで、非常に高い価値を生み出していく可能性はあります。

例えば、元ラグビー日本代表の福岡堅樹《けんき》選手はオリンピアンでもあり、パナソニックという家電メーカーの社員であり、今後は医者を目指すといいます。ここまで唯一無二の存在になるのは難しいですが、あなたの経験、知識を掛け合わせれば、何か新しいことが見えるかもしれません。いつまで経っても「お金が貯まらない」と言っている人は、自分の資産を高める投資と貯蓄をしていません。**やっていることは浪費と消費。**消費ならまだいいですけど、ほとんどが浪費ではないでしょうか。

とはいえ、だいたいが自覚なしに浪費しているので、どこかで自覚しないと、ずっと悪いスパイラルに落っこちていってしまいます。本人はそこに気付かずに気持ち良くなってしまっているのかもしれませんが、実は何も生み出していません。

また、基本的に無料で手に入るからといって、「体力」という資産を無駄に消費するのも考えものです。お酒を飲んで毎日が寝不足で、仕事に身が入らないなんて状態では、自分の価値を高めることなどできるはずもありません。せっかく有り余る体力があるのですから、何か自分の好きなことを始めてみましょう。

有限かつ最も値上がりする「時間」を無駄にする

若い頃は無限にも感じられた「時間」ですが、年月を経るごとにどんどん貴重になっていくと書きました。いつまでも若いままではいられません。将来的に最も価値が上がる時間を浪費しているのなら、今すぐに生活を改めるべきです。

目の前に与えられたことだけこなす

業務時間外の余暇は休息に充てる

「与えられたことをしっかりこなします」という仕事スタイルではいけません。要は、仕事が終わったらすぐに飲みに行ったり遊んでしまったりする人。友達と集まるとか、自分が楽しいことに充てる時間を惜しまないのは……全然ダメです。一般的には悪い習慣には思えないかもしれません。確かに自分の時間を大切に使ってはいるのですが、**仕事よりも余暇のほうに重きを置いている貧乏神が喜ぶライフスタイルです。**

仕事というのは誰でもしなければいけないものです。だからこそ、仕事が終わった後の時間というのが非常に大事なのです。仕事が終わったら、とりあえず発泡酒を買って帰って、ゲームをしながらダラダラ飲んで過ごしている人と、空いた時間は読書に充てたり、何かスキルアップのために使ったり、異業種の集まりに人脈作りに出かけたりということをやっている人がいた場合、2人の価値に大きな差が出てきます。前者は「ああ、仕事疲れた」を癒やす行動をしているだけで、この癒やしに大した意味はありません。

テレビのCMなどでは、やたらと「癒やし」をあおってくるので、自分の癒やしの行動を正当化してしまいがちです。「癒やしていいんだな」と思わせられるのですが、実はこれは大間違い。できる人というのはずっと動いているからです。

とにかく言われたことだけ、ただタスクをこなすだけの1日を過ごす人は、それだけの人になるから実は危険です。これを美徳としている人もけっこういますし、常識的に間違っているわけではないので、僕のようにダメだと否定する人は少数派でしょう。

しかし、「それでのちのち苦しむことになりますよ」とは、誰も言ってくれないはずです。だから、あえて僕が苦言を呈します。それではダメです。

「業務時間外の余暇は休息に充てる」のは、それほどに悪いことではないように思えます。ただ、**これでは新たな価値が増えているわけでも、資産が増えているわけでもありません。**

では、なぜ仕事が終わった後に発散や気分転換が必要な人が多いのか。それは、嫌な仕事をやっているからです。何か好きなことをやっている時、発散というのはいらないのではないでしょうか。だいたい、それ自体が発散になっているはずです。絵を描くとか、番組を作るとか、建築設計をするとか、自分がやりたくてやっていることなら、体も神経もしんどくても、「終わったら発散しよう」などと、あまり考えないと思います。

快楽に費やす時間を惜しまない

僕としては、仲間と毎日集まってワイワイ飲んでる人はワケがわかりません。逆に、やりたくないことをやっている証拠だなと思います。

あなたは、仕事が終わった後は日常的にどのように過ごしていますか？　**その行動は、あなたにとってどんなメリットがありますか？**

この問いに即答できなければ、それは定義としては「浪費」にあたります。「あなたが今やっている行動は、投資ですか、浪費ですか？」と聞いた時に、「投資ではないな」と思えば、それは浪費です。「まあいいじゃん、たまには」、「いいじゃん、それくらい」というお決まりの言い訳が出る場合は、浪費です。「いや、これはこういう意味があってやっています」とすぐに答えられるのであれば、それはいいと思います。

例えば、毎日お酒を飲んでいたとしても、「これは将来のお客さんを確保するためにやっていることなんで」と言えればいいのです。それが本当かどうかは別として、目的を持ってその行動をしている人であれば、その目的を答えられるはずです。それがないと、その場で取り繕おうとしてしどろもどろになってしまうのではないでしょうか。

「あなたは毎日風俗に行っていますけど、何の意味があるんですか？」と言われて、「あ、実は僕、風俗ライターを目指しているので、その辺のことしっかり知っておかないとダメですし、最終的にYouTubeとかで発信しようと思っているので、そのネタ探しをしているんです」と、スラスラ出てくるような人は、遊んでいるように見えても、この時間を投資している人だと僕は思います。

同じ質問に、「いや、まあ、うん、ちょっと……」としか答えられない人は、ただ快楽を求めて行っているだけなので、これは全然差が出ます。

同じ時間を使って、やっていることも同じでも、前者は投資、後者は浪費です。仮に快楽であっても、投資にも繋がることであればいいのです。

風俗でもSNSでの誹謗中傷でも同じですが、自分の快楽のために時間を使うというのは、発散はできても何の得るところもありません。また明日になれば同じことの繰り返し、ただただ時間を浪費しているだけです。そんな生活とはさっさとおさらばしましょう。

自分の価値観を信じる

他人の助言は受けない

「自分はこうだ！」という信念を持っているというと、とてもきれいに聞こえます。ずいぶん立派に思いますが、実はこれも貧乏神を呼び寄せる生き方です。**自分の信念を貫くというのは、「人の話を聞かない」ということと紙一重です。**

「俺はこうだから」と凝り固まっている人は、新しい考え方や価値観を学ぼうとしないので、本を読みません。価値観が固定化して成長が止まっているので、何が起きても、自分にしみ付いた価値観が壁となって「俺の商売のやり方はこうだ」と跳ね返します。

例えば、今の時代、こういうツールを使えば、ビジネスもこういう発展性がありますよと助言しても、「いや、それは違う、俺はこうやってやってきたから」と、新しいことを拒否する人たちを、僕は多く見てきました。そういう人は、やっぱりそこで止まってしまいます。**新しいことを何もしないから、時代に取り残されていきます。**

いわゆる「認知バイアス」――思い込みや偏った常識、思考の誤りなど――から自分の中で答えを決めてしまっています。人のことを参考にするのを「負けた」と思ってしまうようです。決してそんなことはありません。

成功例の模倣はせずオリジナルで勝負する

パクっている、模倣しているということを「悪」として感じてしまう人は、全部をオリジナルでやろうとするのですが、これは大変な労力です。上手くいっている時はいいですけど、追い込まれていくと、それまでに成功事例がない隙間を狙い始めます。これは、先人が踏んできた安全地帯をあえて避けて通る行為なので、超絶危ないことです。

「自分自身を信じる」、「俺には俺のやり方がある」というと、耳触りがよく聞こえますが、ある意味、人の話や助言を一切聞かないで、耳栓して走っている状態です。これ、僕からすると時間を無駄にしているだけの行為に過ぎません。

いろいろな人の話を聞いて、リスクを避ける知識を増やしたり、上手くいくコツを教えてもらったり、いい人を紹介してもらったりしていれば、その人がやっている10が100にも1000にもなる可能性があるのですが、**その人がひとりでやっている限り、10は10のままです。**そういう人は意外に多いのですが、それでビジネスとして上手くいっている人を、僕は一度も見たことがありません。人の言うことに耳を貸さず、こだわりを持って成功する人は職人さんぐらいです。あるいは、かなり特殊なアーティストぐらいです。

ミュージシャンですら、過去の音楽に影響を受けて、それを模倣して、流行を取り入れて新しいものを作っていきます。数億人にひとりというくらいの才能を持って生まれた人以外は、このような考えは持たないほうがいいです。自分の信念やオリジナリティにこだわっている間に、時間が凄まじく無駄になります。もし失敗したり、上手くいかなくても、「信念を守っているおかげだ」と正当化して、安心するのも困りものです。

漫画の世界では美談として描かれたりしますが、現実には美談はあまりありません。時代遅れになって世の中に置いていかれても、「こだわっているんだ、俺の考え方でやってんだ」と正当化してしまうので、最後には「負けてもしょうがない」になってしまいます。

ゲームをやっていてもそうです。「ゲームのシステムを応用したやり方なんて邪道だ。俺は俺のやり方でやる」といって大会で負けている人は、何も成果を残していません。攻略法があるのだったら使えばいいだけです。

人が生きていく上で、「負けてもしょうがない」と思ってしまってはおしまいです。

もちろん、限界まで努力して、「これ以上やりようがない。やることはすべてやったら負けてもしょうがない」という意味で勝負に出る時はあるでしょう。人事を尽くして天命を待つのであれば、それはいいと思います。

しかし、日常業務において、「こっちのほうが効率的だよ」と言われても、「俺はこれがいいと思っているんだよ、うるせえよ」となる人は、本当に成長が止まります。

Ａｐｐｌｅ創業者のスティーブ・ジョブズぐらい突き抜けたオリジナリティがある人ならいいでしょう。でも、ジョブズだって実は模倣の天才です。彼は、模倣は嫌だ、ダメだといって、自分の模倣をしたＭｉｃｒｏｓｏｆｔをすごく嫌っていましたが、彼は人のアイデアを取ってしまいます。「これがいい」と思ったら、人もシステムも丸ごと全部自分のものにしてしまうので模倣にはならないレベルです（笑）。

自分の価値観を信じるとか、オリジナルで勝負するなんていう信念を持てるのは、頂《いただき》に立った人だけです。「いや、俺には俺のやり方があるから」というのは、一般人が口にできる言葉ではありません。

チャンスを探して待つ

下手に動かず慎重に機会が来るのを待つ

「機会を待つ」「チャンスを待つ」という言葉も響きはいいのですが、これは「動かない口実」です。誰でもちょっと耳が痛いところがあるのではないでしょうか。

「景気が回復したら……」、「もっといい仕事に就ければ……」とか、〝たられば〟をずっと言っている人は非常に多くいます。「もうちょっと貯金が増えたら」とか、たらたら、たらたら言っている人はなかなか動きません。実行する人は次の日にはもう動いています。

「機会が来るのを待つ」というのは非常に地味な悪習慣で、やらない理由をたくさん作ります。言葉にしてしまうと、これはもう「呪詛」。自分自身も洗脳してしまいます。

「もうちょっとお金が貯まったら」とやらない理由をいろいろ探してきますが、やろうと思えばできるんですよね。お金を借りるという選択肢だってあるのに、「貯金が500万円貯まったら……」と口にしてしまうことで「自分は500万円貯まらないと、この行動はできないんだ」という呪いを自分にかけていることになります。

自分の中では、やらないことを正当化しておこうという意識はないまま、正当化してしまいます。**本当は今日やれたこと、明日やれるかもしれないことを先延ばしすることに対して、自分が恐怖を感じずに済むために、「たらたら」と言い訳するのです。**

今の仕事が終わったらやろうとか、僕でもありますもん。僕も最近これに気が付いて、今まで何となく逃げていた英語の勉強を始めました。

人間誰しも絶対やりたい、死ぬまでにやっておきたいと思っていることがひとつやふたつあるはずです。やるからには、絶対に失敗しないように万全を期したい。きっと必勝法があるはずだから、まずはそれを探そう——これもまたやらない言い訳の一種です。

ゲームじゃないのですから、必勝法なんてものはありません。だから早く始めるのが一番。誰かの成功パターンを参考にするのはいいですが、いつも同じ条件だとは限りません。失敗を重ねることで得られるノウハウもたくさんあるはずです。

一緒に居て楽しい友人をたくさん作る

誘いは断らない

友達をいっぱい作る――これを「悪習慣」などという人はいないと思います。しかし、僕からすると、これは実はダメなことです。

一緒にいて楽しい友人、ラクな仲間といつもだいたい同じメンツで固まってコミュニケーションを取っているのでは、広がりゼロだからです。だから、いつも同僚と飲んでから帰るということを続けていても、相手からは得るものなんてもうありません。

いや、楽しいですよ。その場は楽しいからいいのですが、これは本章の最初に述べたように、**ただの発散行動であり、消費活動です。**

友人との付き合いに「相手から得るもの」などという損得勘定みたいな言葉を出すのも

嫌でしょうが、正直、それがなくて、ただ楽しいだけだったら、毎日でなくてもいいでしょう。月に1、2回飲めば十分じゃないでしょうか。

どうせ飲むのであれば、外国人しか出入りしないような六本木のクラブに出掛けていって、勇気を出して英語で話しかけてみるとかしたほうが、断然プラスが大きいと思います。まぁいろいろリスクはあるかもしれないですけど、店の外に出れば日本ですから、命まで取られるようなことはないはずです。

ほとんどの人は、そうした新しいコミュニティーに足を踏み入れることを避けて、居心地のいい友達で周りを固めているはずです。

特に日本人はそういう気質が強いですから、「いつものメンツ」、「いつものヤツら」という言葉が、意外とポジティブな意味で捉えられる傾向にあります。Ｆａｃｅｂｏｏｋなんかでも、「いつものヤツらと今日はバーベキュー」みたいな投稿もよく目にします。どうせなら、いつも違うメンツだったらいいのですけど。

誘いを断らないのもいけません。**人の誘いを断れないのは、自分がラクなことをしているだけです。**

本当なら、自分がやりたいこと、やらなくてはいけないことがあるはずなのに、「こいつらと一緒にいると楽しいから、そこに行ってラクをしちゃおう。誘いも断らない」ということを続けて時間をムダにするのです。

気心知れているヤツらと飲むのは半年に1回でいいでしょう。

もちろん、たまには発散も必要なのはわかりますけど、半年に1回、「最近どうよ？」で十分です。そして、「こいつらといるとやっぱり楽しいな」ということを再確認すればいいんです。

相手に合わせる姿勢を持つ

やたらと飲もうよとか何かしようよと誘ってくる人は、心に穴が開いている人です。そういう人と一緒に絡んでると、自分も同じようになります。

どうしてもひとりでやるのが寂しいから、どっかへ行こうよ、遊びに行こうよと誘ってくるのでしょう。

10代ならまだわかります、暇だから。しかし、20代になって、これからちゃんと自分が自分の足で立って生きていかなければいけない人が、ひとりが寂しいから人を呼ぶとか飲みに行くとかやっているのは、僕なら変だと考えてしまいます。

「僕は誘いを断らない」のを美徳にしている人もいます。

先輩のポイント稼ぎとか出世のためという目的があるのだったら意味はわかります。接待だったらわかりますが、ただ楽しいということをやっていると、本来は得られたはずのもっと楽しいものを失うことにもなりかねません。

友達が少ないと思われたくないという人もいるかもしれませんが、別に友達なんて少なくても問題ありません。2人もいれば十分です。

SNSというのは、友達がいっぱいいることを美徳としてしまうところがあるので、本当に怖いものです。**うわべだけの友達なんてトラブルしか呼びません。**

自分のことを本当に助けてくれる人なんて、家族以外では、どんなに頑張っても一桁しかいないと思います。

「相手に合わせています」とか「誘いは断らないです」というのは、一見いいことのように聞こえますが、周りに振り回されているだけだということを自覚していない人が多いから、これは危ない行動のひとつです。

貧乏神を抱えた同士が出会って憂さ晴らしをしたところで、貧乏神は減るどころか倍増してしまいます。

お金儲けを最優先事項として行動する

単純で単価の高い副業をこなす

お金儲けを最優先、これも本当に危ない行動です。

僕は20代後半でこれをやってしまったのですが、**お金だけを目的にして、他の苦痛に全部耐えるという生き方をしていると、人間、頭がおかしくなってしまいます。**

お金にしか価値が見いだせなくなるので、人格者からほど遠い人間になっていって、自分でも自分がすごく嫌になっていきます。

正直言って、たかがお金です。でも、やっている最中は気付かないものです。

長年のデフレで、日本の経済は低迷し、給料が上がらなくなりました。そこで、収入を増やす手段として、副業を始める人も多くなってきています。

2章でも触れていますが、僕は副業をやるのは大賛成です。でも、自分の夢や、やっていて面白いという要素を全部抜いて、単純にできること、つまり今の仕事の延長線で作業量をただ増やして収入を上げるというやり方には感心できません。

例えば、デザイン事務所で働いているイラストレーターが副業で単価の高いイラストのお仕事を、システム開発のプログラマーが副業で単価の高いプログラムのお仕事を引き受けても、自分を削るだけです。世界は広がりませんし、自分の価値も高まりません。それではいつまで経っても労働者、使われる側のままです。

もちろん、労働は大事です。でも、「作業をいっぱいするんでいっぱいお金ください」という労働者思考になってしまうのは危ない傾向です。これってお金が欲しいだけ。そんな生き方をしていると、かつての僕と同じように、体がパンクしてしまいます。

それなら、好きなことをやったほうがいい。

例えばDIYが好きなら、家具を作って売るのを始めれば楽しいはずです。

睡眠時間が減って体もつらい、大した収入にもならないかもしれませんが、日に日に完成度が上がっていくと感じるようになった時、この人は楽しみながら新しい能力を得たことになります。

同じ副業でも、「けっこう楽しんでやっているし、売れたら嬉しいんだよね」と言う人と、「新しい仕事やタスクをこなさなきゃ」といって仕事量だけ増やしている人では、短期的に得るお金は後者のほうが多いかもしれませんが、5年後に会話した時、後者は目が死んでいるはずです。

前者はそれほどお金がプラスになってはいなくても、楽しくいろいろなことをしてきたので、趣味の話も仕事の話もいっぱいネタがあって、面白いし元気があります。

後者は仕事の話を極力したくないとしても、仕事以外に話すネタがありません。結局、仕事の話をしてもつまらないと思います。

そう考えると、楽しく仕事の話をできるかどうかがひとつの基準になります。自慢話は除外しますが、将来のビジネス展望を語る人の話なら面白いと思いませんか。

一方で、お金だけを追っている人は、身なりが良くても、ため息ばかりついて、覇気がありません。「なんか大変そうだね、疲れている?」と聞くと、「まあちょっとね」なんて言って……まさに十数年前の僕の姿です。

今の僕だったら、当時の僕に「お金お金お金……って言っているけど、お金ってそんなに大事なものじゃないぞ。じゃあお金を得た分、キミの価値は上がったかい? 幸せになったかい？」と諭《さと》したいものです。

高給取りを目指す

お金を追い求める世界に行くと、お金を追い求める人たちしかいません。みんな自分だけ儲けようとしている人たちですから、非常に自己中心的な人たちのコミュニティーに属さないといけなくなります。

高いブランド品を持ち歩いて、高級外車を乗り回して、モデルみたいな女性を引き連れて……という狭い価値観で動いている人たちの世界にいると、その価値観に染まっていってしまいます。自分がその世界に合わないと思っても、なかなか抜け出せなくなります。そしてズルズルと自分のやりたくないことを毎日毎日繰り返しているため、どうしても発散行動が必要だと感じるようになるのです。

家に帰った瞬間にゲームのスイッチを入れてしまったり、あるいは酒をあおるように飲んだり……どちらも僕は経験しています。その時期にゲームをやっていたのは、将来ゲーム配信をやろうと考えていたわけでも何でもなく、ただただ癒やしを求めていただけです。**それを繰り返しているとダメ人間になります。**僕が本当に経験したから言えますが、あれは本当にひどい時期でした。酒もたくさん飲んでいました。

あの時期にダメな行動を一通りやったからこそ、気付いたところもいろいろとあります。

僕は結婚して子どもができて、仕事も変えて、強制的に悪習慣から抜け出したから、1回ゼロからリセットして目を覚ますことができました。

20歳の時には、自己啓発本に書いてあるようなことは頭では理解しているつもりでしたが、実体験が伴っていないから実践できなかったのです。

実際、自分がダメなコミュニティーに足を踏み入れ、そこからデススパイラルで抜けられなくなっていくと、**自分で地獄を見ないと回復できないものです。**

本当に友達がいるなら、友人から嫌なことを言われないといけません。「おまえクソだぞ！目を覚ませ！」と面と向かって否定してもらわないと回復は無理です。それがないと、自分で言い訳を探して、ぬるーくぬるーく楽しーく、「今が良ければいいや」という精神で時間が経過していきます。

その状態に僕がハマったからこそわかりますが、自分の10年後を意識しているかと言われたら、していませんでした。1カ月後は何とか見えていても、10年後は見えないし、「お金を貯めて、そもそもおまえ何がしたいの？」と言われても、言葉が出てきません。

お金を増やすことしか考えてないから全部後付けになります。「お金が貯まったら、海外でビジネスやるかな」……って、やっぱり「たら」を使ってしまいます。「たら」ではなくて、その時に「俺は将来的に海外でこういうビジネスをやりたいので今こういうことをやっています」と言える人は、意志、目的があるのですが、お金しか目指してないと、「お金をいっぱい稼いで何するの？」と聞かれてもピンとこないのです。「あの服も買って、車も買って、大きな家にも住んで……」と答えるかもしれません。それに対して、「いやいや、それ全部わかるけどさ、それって結局、購入者、消費者でしょ。何かやりたいことないの？」と言われた時に、何も頭に浮かばないのです。

ただ、それが人生のすべてだという人は、それでいいと思います。「俺はただただいい生活をするだけだ」って。逆にそれだけで人生を生きられたら幸せかもしれません。だいたいの人は上手くいった後に気付くことだと思いますが、僕はわりと早い段階で「それでいいのかな」と怖くなりました。

他の人から見たら金持ちでうらやましいかもしれないですけど、ふと、「俺、何やっているんだろう？」と冷静になった時に、僕は凄まじくゾッとしましたね。

結局、何にも生かせないお金を持っていても無駄だということです。

仕事は適度にこなす

要領良く力を抜く

「仕事はお金を稼ぐためのものなんだから、自分の時間を持とうぜ」とよく言う人もいます。悪い言葉には聞こえませんが、これを言っている人の9割は遊んでいるだけです。

遊ぶ口実のために、「仕事なんて適度にやってればいいんだよ、お金が人生のすべてじゃないから」と言っているのです。

「そこそこ働いて、余った時間を自分の時間にしよう」という言葉は、一見心地よく聞こえます。実際、その時はいいはずです。むしろ、5年くらいは楽しいかもしれません。

ただ、その先、その人はたぶん何も変わっていきません。そこそこ働いて、家で発泡酒飲みながらアニメを観ることを5年、10年続けていても、自分の価値を高めることに繋がっていかないのです。

こういう人たちがよく「お金がすべてじゃない」と言いますが、それはその通り、まったくもって正しいことです。ただ、ここで止まってしまっては、ただただ貧乏神を増やすだけ。**本来なら「お金は人生のすべてじゃないけど、お金があったほうがやれることが増えるよね」まで発展するのが正しい文章で、これを言える人は福の神を呼んでいます。**

そもそも仕事というのは没頭したほうが絶対にいい。「適度にこなす」という人は、ただ遊びたい、面白おかしく生きていたいというのを気持ちよく言いたいだけです。

例えば、「仕事は適度にこなして、休みになれば海外旅行に行って、楽しめばいいじゃん」という人がいるなら、僕なら海外移住したらいいのにと思います。そう言うと、「いや、そんなお金ないから」と必ず言い返してきますから、「じゃあ、お金いっぱい持ってたら行けんじゃん」と言うと、「うーん、でもな、いや……」とモゴモゴ言うだけです。

対価に見合った仕事を心掛ける

仮に今、月給30万円をもらうサラリーマンだとしたら、「月給30万円分の仕事をすればいいだろ」という考えが、特に今の若い世代にかなり多いと感じます。

ブラックな会社は避けようとか、サービス残業はやめようとか、自分を大事にしようといった社会的な流れの影響を受けて、「自分がもらっている給料分以上の仕事をするのは会社に搾取されている」というように考える人がいっぱいいます。

むしろ、これが正しいと思われているのですが、まったくそんなことはありません。

会社経営する立場にならなければなかなかわからないとは思いますが、会社は保険や年金などの社会保険料、福利厚生費を含む人件費を払っています。オフィスの賃料や事務機器のリース代だって会社が負担しています。

それを考えたら、**少なくても月給の倍以上の売上を出さなければいけません**。自分が30万円のサラリーをもらっているとしたら、300万円の売上をたたいて貢献してやるぐらいの気持ちでいないと、その人の価値は高まらないものです。

対価に見合った仕事をしていればいいだろうと考えている人は、仕事が終わった後の時間も同じ考え方をするので、何事も適度で、本気で取り組むものもありません。本気になっているのは、ゲームセンターでハイスコアを出すことくらい。プロゲーマーを目指しているのならもちろんいいですけど。

目的がないなら、それは時間を消費してその日の満足を買っているだけで、ずっと人に使われる生き方をしていかなくてはいけないということ。「月給の分しか働きません」と、使われる生き方から逃れようとしているようですが、それ以上の価値を生み出さないのですから、結局は使われ続ける人生を送るしかないのです。

コンプライアンスだブラックだといろいろありますから、「残業はしたくありません、定時なんで帰ります」というのはＯＫですし、むしろそのほうがいいことです。

しかし、もらっている分だけこなすではなく、**時間内で自分がもらっている給料の数倍の利益をたたき出すという考えに頭が切り替わっている人であれば、どこに行っても重宝されると思います。**こういうタイプは、転職する時にもどんどんレベルが上がっていきます。もともと小さな会社でバイトしていたのが、気が付いたら最終的にＧｏｏｇｌｅで働いているという人は、それだけの価値を出しているからです。

与えられた仕事を適度にこなして、時間になったら退社して遊びに行く――これを20年続けていたらヤバいです。わりと50代くらいに多いですけど、終身雇用があって、ずっと会社で働いて給料を得ることがすべてと思い込んで、自分の価値を高めることを放棄している人も見かけます。

こういう考えに陥っている人が多くて、まあサボってもいいや、まあ今月はノルマも達成したしと言って、営業時間内で外回りしている最中にパチンコを打っていたりします。「俺はこの中でこれだけやっていれば十分」という頭になる人がすごく多い上に、これを正当化する言葉も山ほどあります。「仕事は生きるためのものだから、適度にこなして、自分の時間を大切にしましょう」みたいな言葉ですね。一方で、そうではない人は仕事も全集中して、短時間でも没頭することで、自分で空き時間を作り、その時間を有効的に使っていきます。

「目の前に与えられたことだけこなす」にも通じる話ですが、やりたいとは思っていないことを、言われたままに仕事させられるというのは、自分の時間が人の力によって削られてしまうということ。しょうがないと言いながら、友達の誘いは断らずに発散している間に家庭崩壊――。これ、会社が悪いわけでも友達が悪いわけでも家庭が悪いわけでもありません。すべてはその人の意志です。だとしたら、環境を変えればいいだけの話です。

2045年にはAI（人工知能）が人類の知能を超える「シンギュラリティ」（技術的特異点）が訪れるとされ、現在の職種の半分がAIに取って代わられると言われています。

自分の価値を向上させることがないままでいると、10年後、20年後、あなたの今の会社はもちろん、あなたの業種すら消えている可能性もあるのです。

そんな世界になっても生き残れるには、自分に価値があることが重要となります。つまり、自分の価値の高さが「安定」に繋がる時代となるのです。

どんな世界であっても必要とされる存在となれば、それは安定を約束されているようなもの。いま勤めている業界が吹っ飛んでも、「あなたは商売のコンサルティング能力があるから、別業種でもアドバイザーとして通用します。顧問で入ってください」とマッチングされて高給取りになることもあり得なくもありません。そうなるためには、今の仕事をそこそこ適度にこなしているようではダメです。

一番ヤバいのは、学校に通う感覚で会社に行く人。友達に会いたいとか、テストでちょっといい点を取っていればいいとか、遅刻しないで行こうとか、そういう感覚が抜けないままだと問題ありです。

あなたは、あくまであなたの人生のための生活費だったり、何かを得るために働いています。友達づくりでもサークル活動でも暇つぶしでもありません。

近年はすぐにブラック企業だ、コンプライアンス違反だ、ハラスメントだと言いますが、そうであるなら辞めればいいだけの話です。なぜか「でも生活の安定が……」などと反論する人もいますが、そもそもそれでは精神的に安定することはないでしょう。

他人と自分を比較する

恵まれた人間と自分を比較して差を埋めることに努める

この章の冒頭にも書いていますが、やたらと他人と比較するのは、自分のコンプレックスの表れで、自分の闇が表面化している状態です。そもそも自分がやっていることに自信がある人というのは、他人のことは別にどうでもいいと思っています。

だから自分が恵まれてないこととか、自分がサボってきた結果を他人が出して見せると、「いやいや、あいつは悪いヤツだから」などと言って安心しようとします。

そして、同じくできない人同士で連絡を取り合って、「俺たち、しょうがないよな」と慰め合っています。これができるSNSが今は山ほど生まれているのでヤバい状況になっています。さらに言えば、そうしたSNSを生み出した頂点の会社が死ぬほど儲かっているというところまで見えていません。

恵まれない人間と自分を比較して気持ちを落ち着ける

何でしょうね……こんなにみんなが弱くなっている現状は。日本人がこれまでガリガリ働いてきた歴史を否定して、ラクするとか、自分らしくという建前の意見が台頭してきているのは、これまでの常識と現実とのギャップに苦しんでいるのではないでしょうか。

これまでの日本人というのはメチャクチャ勤勉に働いて、高い技術力も持っていてというところから、バブルが弾けて、日本を代表するような大手企業が国際競争でも次々と敗れ、経済的に長いデフレに突入したところにインターネットがタイミング悪く出てきたように思えます。「昭和的な生き方、価値観って古いよな」、「やっぱ人間ってそんなに働きづめって良くないよな、体にも悪いし」みたいな不満がネット空間で繋がり始めると、「本気出す価値ないよな。それだけのお金をもらってないもんな」というのが共通意識になる。すると、全員が失速してしまいます。

日本経済の失速のタイミングとインターネット登場のタイミングがかぶってしまったせいで、**他人と比較して気持ちを落ち着かせるということが一般化したと僕は思います。**

諦めることを習慣付ける

世の中にはどうしようもないこともあると知る

人は「諦める」という言葉を直接的にはそれほど口にはしませんが、「しょうがないからこっちをやるか」とか、「今の環境にいるのはしょうがない」とか、**できないことをまるで不可抗力か何かのせいにして、「しょうがない」と正当化して諦めていきがちです。**

僕は、「しょうがない」という言葉を口にした時点で終わりだなと思います。時間がない、お金がない、容姿も良くない、家柄も良くない、何もない、しょうがない、ないない……と言って自分を納得させる行為を習慣付けてしまうと、デススパイラルに陥ります。実は「しょうがないこと」はほぼありません。諦めなければ可能性はあるはずです。

確かに、「しょうがないな」と思うと、その瞬間だけはラクにはなります。たとえ何か自分にプラスになることであっても、**今目の前にあるしんどさから逃げたくて、自分をラクにしてあげようという呪文が「しょうがない」です。**

これを多用すると、見事にダメな方向に転んでいくので、危ない行為です。

つらいことよりラクなことを探す

つらいことよりラクなことを探す——これは人間の本能です。そのため、発想を転換させて、ラクなことを仕事にしてしまう人が出てきます。これも、やってはいけない行為です。「楽（ラク）」と「楽しい」という漢字は同じですが、意味するところはちょっと違います。例えば、自分がぶっ倒れそうになるくらいメチャメチャ熱中してゲームをやっている時は、「楽しい」でしょうけど、「ラク」ではないはずです。体はキツいかもしれません。

肉体的にも精神的にもキツくても、毎日バリバリ楽しくてしょうがないというようなことをやっている人は、睡眠時間と食事時間さえあれば「ラク」は必要としません。「あ〜今日も仕事やりたくねえな。上司の顔も見たくないし、朝出勤したくねえし、ダリいな〜」ということが続くと、ついついラクを求めてしまいます。ラクしていいことなんてありません。その状況下で自分の価値を上げる方法がないか考えてみましょう。

ストレスを溜めないように時間とお金を使う

自分へのご褒美を忘れない

「今月もいっぱい働いたから、自分にご褒美をあげよう」と、ちょっと高い買い物をする正当化をする人もいっぱいいますが、そもそもこの考え方がいけません。

これ、やっていいことではありません。貧乏神を呼び寄せる行為のひとつです。

「自分へのご褒美」というと、普段とは違う特別なことだという意味合いがありますが、それはただの言い訳ではないでしょうか。

「今日はお洋服買っちゃおう。これは自分へのご褒美」なんて考え方を持っていると、自分の行動を自分で肯定して、それを物品に変える行為を正当化することになります。

でも、そんなことをする必要なんかまったくありません。自分が欲しいものであれば買えばいいだけ。別にご褒美である必要性はありません。

貧乏神を呼んでしまう行為全般に共通していますが、自分に言い訳することばかりです。自分のお金で自分が欲しいものを買うというのは、本来ご褒美でも何でもないでしょう。

なぜ「ご褒美」なんて言う必要があるのかというと、自分が今ちょっと贅沢しているということへの負い目があるからです。その負い目を正当化する言葉が「自分へのご褒美」なのです。

自分が正当に得たお金で買うものに負い目を感じる必要はないですし、負い目に感じるのだったらやらなければいいだけです。

「ちょっと最近はサボり気味だな。まあでも今日はちょっと頑張ったし、自分へのご褒美で」なんていう人は、だいたい意志が弱いものです。ご褒美に今日はちょっとサボっちゃおうとか、有休を取っちゃおうみたいな気持ち、わかるんですけどね。

ただ、自分がやっている仕事が楽しいとか、やりがいがあってしょうがないという人はご褒美なんて言わないものです。

例えば、自分なりの目標を達成したらあれを買おうみたいな気持ちは、それが目標であり、ご褒美ではありません。「俺は100万円を貯めて世界一周するんだ」というのは、ご褒美ではなく、ただの目標達成です。

だから、僕が某ネズミの遊園地のバケーションパッケージを買って家族と行ったのも、もともと目標として決めていたことです。

高いお金を出してバケーションパッケージを購入すると、みんなが3時間くらい並んでる行列の横をスィ～と素通りして、すぐにアトラクションに乗ることができるというものです。格差が目に見えるため、はたから見たらいい気分はしないかもしれません。ただあの場所では払った金額に応じてサービスが変わるというシステムが導入されているので、それを利用したまでのことです。

家族との楽しい時間を最大効率化できる手段が数十万で買えるのであれば、買ったほうがいいと考えたに過ぎません。とにかく「ご褒美」なんかではなく、欲しいから買ったのです。

僕自身はストレスを溜めない生き方をしているから、ストレス解消というのも特に必要としてないですし、自分へのご褒美もないですね。

僕の場合、移動時間中とかに半分勉強、半分娯楽でＮｅｔｆｌｉｘとか見たりして、たぶん小出しに解消しているのかもしれません。そして、新しい動画をリリースした時に、大きな反響があるだけで、もうストレス解消になってしまいます。

「この撮影、けっこう苦労したけど、でも数字上がって良かったね！」というように僕の中ではスッキリして、もう次の制作に取り掛かるという感じなので、仕事の成果が目に見える、苦労した見返りがあるというのが大きいのかもしれません。

　それがたぶん気持ちいいと思えるから、ストレス解消と仕事の成果が出るのを兼ねてしまっているのです。

不満や愚痴を他人に聞いてもらう

「一緒に居て楽しい友人をたくさん作る」の内容とかぶる部分もありますが、自分の不満や愚痴を聞いてもらうために飲み会や食事の場をわざわざ設定するのは、悪習慣の最たるものです。このために貴重な時間とお金を使うのはもったいない。

自分の心のうちを吐き出せば、その場ではスッキリとするでしょう。しかし、問題はまったく解決しないままです。明日になれば、また心の中に不満が溜まっていくことでしょう。これを繰り返していても、あなたの価値は何も高まりません。くれぐれもこのような発散行動、浪費行動は慎みましょう。

Column

てつの妖回胴中膝栗毛③

僕が「貧乏神」を紹介するワケ

自己啓発本などに「やったほうがいい」と書いてあることはやったほうがいいですが、なかなか難しいのも理解できます。それだったら、まず「やめたほうがいいこと」を極力やめていくのはどうでしょう？　それを実践するだけで、人生の満足度のグラフはグッと上がっていきます。

成功本やビジネス本、そしてこの本も含めてですが、ちゃんと酸いも甘いも経験してきた人が言うことだから、ちょっと信じてほしいと思います。

僕も昔はそういう本を読んでも、「ああ、なるほど、ご立派だな。ま、それができたら誰も苦労しねえんだけどな」と思うだけで、信じることができませんでした。

でも、その時でも実はやればできたこともいっぱいあったと思います。

結局、また「それができ『たら』苦労しない」と、「たら」で言い訳しています。

パチンコ、パチスロにしても、昔はいわゆる「攻略本」というのが山ほど出ていました。それを読んだ時にはなかなか刺さらないのですが、攻略した後に読み返してみると、確かに必勝法が全部書いてあったりして驚きます。「あ、これ、この通りでやったら勝てんじゃん」みたいなのは、後で気が付くものなんですよね。

それはなぜかというと、成功の方法しか書いていないから、刺さらなかったのだと思います。「こうしたら失敗するよ」というふうには書いていません。

だから、僕が貧乏神を登場させて、失敗の方法をすごくいっぱい書き綴ったのは、みんな「あ、やべ、心当たりがある」と感じてくれると思ったからです。成功のほうは心当たりがないですからね、見えない世界の話で。

「毎日毎日、余った時間というのは勉強なんですよ」と言われても、「マジで？　ウソでしょ、そんなつらいの」みたいに思いますし、「つらいことじゃないんだよ。だってゲームする時間、惜しくないでしょ。勉強もゲームする感覚でやるんだよ」と言っても、まぁ「言うは易し」みたいになって、実感するまでには時間がかかることでしょう。

だから、「わからなかった僕はこうしていましたよ、でも考え方を変えたら、こうなりました」ということを伝えないと、と思ったのです。

何でもいいから、本、読みましょうよ

皆さんが夢見る「ラクして幸せになること」ははっきり言って無理です。これには攻略本も、必勝法もありません。

僕は常日頃「本を読め！」と言うので、みんな「いいビジネス本紹介してください」と言うのですが、何でもいいんですよ。わからなかったら、ベストセラーを買えばいいし。本屋さんに行って、平積みしてある本を読めばたいてい間違いはありません。

そう言っても、みんながお勧め本を聞いてきます。それはなぜかといったら、やっぱりラクしたいから、近道して答えにたどり着きたいからです。

「その質問する時点で芽がないよ」と、僕はよく言います。本屋に行って、目に止まった本を買って読むのに1週間もかからないじゃないですか。出したお金の価値がなかったと思うかもしれませんが、必ず得たものは何かあるはずです。「売れている本がすべて面白いわけではない」なんて、素晴らしい学びです。

失敗することも含めて、そうした手間を惜しんで、「お勧めありますか？」と聞いてくる時点でもうダメだと思います。

どうしてもというなら、片っ端から読んで吸収していけと言います。逆に、何を読んでいいかわからないから、本を読まないという人がいて驚きますが、それは本末転倒で、何でもいいから読んでおけばいいのです。

逆に幸せですよね。面白い本はいっぱいありますから。僕には、頭から読んだ記憶を消して、まっさらな気持ちで読み直したい本なんかいっぱいありますよ。

人の成功談でも失敗談でも、千何百円で買えるなんて、すごい贅沢な話だなって僕は思います。誰が書いた本でもそうですけど、講演会やオンラインサロンでお金を出しても聞けない数千時間分の情報が詰まっています。それが数時間ぐらいで一気に読める、しかも読み返せるというのはすごいことです。

とんでもないお金と経験と労力が詰まっているものが安価で買えて、下手すれば数時間で読み切れるというメチャクチャ素晴らしいものなのに、どうして手に取らないのか。「YouTubeとか出てきちゃっているから、短時間のコンテンツにしか触れられなくなって、長文が書いてあるともう読めない」という言い訳を聞くと、「あ、この人どんどん不幸になっていくな」と感じてしまいます。

もちろん漫画でもいいですから、集中して読むということはすごく大事です。

コンプレックスからSNSに発せられる「発散ワード」とは

SNS上でよく使われる言葉で、コンプレックスから発せられる代表的な「発散ワード」というものもあります。もしあなたがSNSで以下の言葉を使っていたのなら、それはコンプレックスの裏返しであることを自覚してください。

まず、収入に対しては、「俺たちの金」「詐欺」「あくどい」「アピール」が該当します。「俺たちがホールに入れたお金でお前ら儲けてんだろ」、「金持ちアピールしやがって」とか、僕は言われる側なのでだいたいわかります。「俺たちのおかげでお前らは成り立ってんだろ」と、自分が一瞬でも優位に立ちたいという気持ちが顕在化した言葉の数々です。

根拠はなくても、自分がよくわからないものは否定しておいたほうが、心が安定するのでしょう。「なんでコイツが上手くいくんだろう?」と不思議に思って、調べ始める人はわりといろんなことが上手くいくものです。多くの人は調べるのが面倒なので、とりあえず否定しておこう、否定して安心しようと思ってしまうのです。この思考は本当に危ないし、悪習慣の元です。もし僕たちがパチンコ・パチスロ以外の新しいビジネスを展開していったら、「新しいことをやりやがって、あくどいな」みたいなことを言われます。例えば、大手流通会社が何か新しい配信サービスを始めても「あくどい」なんて非難しないのですが、僕のように非常に目立った個人が、自分がよくわからないビジネスを展開して、それですごく儲けている感じがした瞬間、もう気にくわないのでSNSで攻撃です。ただ、もし僕たちが高級外車を買ったとかつぶやけば、「金持ちアピールしやがって」と反感を買うのは理解できますから、発信者側が自分の財力をひけらかすのは感心できることではありません。

でも、芸能人が新幹線のグリーン車に乗っている写真をSNSにアップしただけで「金持ちアピール」というのは違うと思います。単純に贅沢に見えるのかもしれませんが、体力の回復や安全性の確保など、そこにその必要性があるのです。仮に贅沢したからといって、だから何なのとは思いますけど、否定することで安心を得るのでしょう。

外見に関しては、「加工」、「修正」、「ブス」、「勘違い」が発散ワードです。これは女子が多い……というか、ほぼ女子です。ちょっとでも加工っぽいアゴでも見つけると、その加工を暴くために全労力を使ったりしますよね。この労力はいったい何なんだと思いますが、それでもやってしまうのは、やっぱり自分に自信がないからでしょう。相手が自分よりも不当に高く評価されるのが許せないわけです。男はそこをあまり気にしてないから声には出しません。凄まじくイケメンがいたところで、容姿に対して男性が悪口を言うことは少ないです。まぁ「劣化した」とかは言いますけど。

自分の成長を妨げるSNSの発散ワードに気を付けろ！

影響力にコンプレックスがあって、発言が気になる人の発するキーワードは、「信者」、「言っていることとやっていることガー」、「キモい」、「～べき」あたりです。

SNSでは「信者」というワードはよく使われます。どういう場合かといえば、**影響力の大きな人が言っている言葉に賛同する人が多いことがたまらなくつらいような時。**「なんで僕の言うことは誰も聞いてくれないのに、この人の言うことはみんな聞くんだ！」というやっかみ以外の何ものでもありません。その現実が耐えられないと、その人が言っていることを理解する前に「これはもう宗教だ」と思考停止の宣言として「信者」という言葉が出てしまうのです。そもそも日本人が宗教に対する理解が低いからということもありますが、「信者だからしょうがない」で片付けて、自分が安心するのです。

「信者乙《おつ》」みたいなことをつぶやき、ひとりでも2人でも「いいね」が来ると、「やっぱり俺は間違ってない」となって、考えが止まってしまいます。これは危険です。

また、「〜べき」と他人に何かの行動を強制したがる人は、自分の影響力に自信がないからです。別にそれは自分がやればいいだけの話です。

それから、自分の能力にコンプレックスがあって行動が気になる人は、「無駄」、「偽善」、「ダセェ」、「一貫性ガー」という言葉を使いがちです。結局、これも自分ができないことをやっている人を否定して安心してしまいたいだけの言葉です。

「もうそれ無駄だよ」という言葉は、自分がそこに熱量を注ぐことができないので、やっている人を否定しないと安心できないから発せられるものです。

ちなみに、多くの人が皮肉を込めた笑いを「草」で誤魔化すのは、自尊心を保つためです。よくある「ｗｗｗ」や「草」というのは、いかにも「ニヤケながらやっています、僕は」という感じを与えます。

でも、「これは冗談で言っているよ」と装いながら、本当は嫉妬心の塊でやっているのです。人の発言をチェックして、おかしいところの裏を取るために1〜2時間も時間を費やしているのにもかかわらず、「僕はあくまでシニカルな感じでやっていますよ」と見せかけて論点をボヤかしてしまっています。

これは一番ダメなパターンで、行くなら突撃したほうがいい。「草」で余裕ある振りをしていても何の意味もありません。全力で突撃したほうがまだ成果があるのに、何かフワッてやることで、その日の発散活動で終わってしまいます。それはそれで、ちょっと〝言ってやった感〟があるのでスッキリしますが、次の日は何も変わりません。それでイライラしてくるからまた発散行動して……と、これを毎日毎日繰り返しているだけです。

心当たりがある人は、成長を妨げる可能性のある言葉たちに気を付けましょう。

これらの言葉を使っていると、だいたい良くないほうに行きます。悪習慣を作ります。本当に労力と時間と何もかもを無駄にしてやっている行為ですが、〝やっている感〟だけ残ります。これはSNSが誕生したことによる凄まじい弊害で、井戸端会議でぶつくさ言っていたレベルの話が世界規模に広がっていきます。

分母も増えていきます。「あの奥さんが言ってた」みたいなレベルの内容に数千人が同意してくるので、「俺は正義なんだ」と勘違いしがちです。要注意です。

会社を辞めて金儲けに走る

僕たち1GAMEの動画を見て、楽しそうだ、面白そうだと思ってくれるのは非常に嬉しいことです。中には「うらやましいな」とか「自分もこうなりたい」と憧れを持ってくれている人たちもいます。

僕が開設したオンラインサロン『遊び人ギルド』において、「会社を立ち上げるにはどうすればいいですか?」など、ビジネス関係の質問が多いのもそれと関係あると思います。

僕はYouTubeなどでやっていることに対しての質問には、本音で答えることはしません。僕たちはエンタメの動画を出しているだけで、それに対して何もコメントすることはありませんという体《てい》でやっています。エンタメに説明や裏話は不要だと考えているからです。

ただ、オンラインサロンは僕が個人で、しかも有料でやっていることなので、どんな質問にも答えるようにしています。例えば、「今の会社がつらいです。どうしたらいいですか?」というような超個人的で切実な質問・相談がいっぱい寄せられます。それに対しても丁寧に答えるようにしています。

質問をしてくれるのは、社会人になってから少し経験を積んだ30代前後の人が多いです。その歳になると、「このまま勤めても、5年先は今あの先輩のやっていることと同じことを自分がやるのか……」と、先が見えてきます。まさにこの気持ちが、僕がメーカー勤めを辞めた理由です。だから、会社勤めしていて、自分の将来が見えちゃったという人の気持ちがわかるんですね。

20代の中盤から後半というのは、人生を諦めていませんし、まだ欲がいっぱいあります。仕事は慣れてきたものの、このままでいいのだろうかという漠然とした不安を抱く時期でもあります。

そんな時にふと「待てよ、2個上の先輩が大卒から勤めてこれだろ。で、上に何人つかえているんだ？　これで会社が大きくなったり売上が大きくなったとしても、給料上がるのかな。じゃあ40代になったら、あそこに座っているあの人みたいな感じに俺、なっちゃうのかな……」などと考えてしまって、「このままじゃいかん！」と焦るのも当然です。

僕の場合、その時に起業して、自分が持っていたスキルでお金儲けに走りました。それは赤字になることもなく、事業としては成功していたのですが、**会社員の時に感じていた楽しさを失ってしまいました**。メーカーでパチンコやパチスロの開発をしていた頃は、徹夜を毎日していても楽しくてしょうがなかったはずなのに……。

独立後はお金は山ほどあったし、いい服を着て身なりも良くなって、事業もすごい上手くいって、テレビ取材も受けたりしていたほどだったのですが、僕は「あのメーカーで働いていた頃に戻りてえなぁ」と思いながら、20代後半はずっと仕事をしていました。

その頃は、ただ小手先でお金が儲かる手法をいっぱい編み出しただけで、まったく熱中なんてしていません。7年間ぐらいやって、お金はかなり稼いではいましたが、何も楽しくないし、幸せでもありませんでした。ストレスばかり溜まるので、お酒もよく飲みました。今は全然飲みませんが、当時はメチャクチャ飲んでましたね。

それで体を壊してしばらく休養してから、今のIT系のシステム開発の会社勤めをすることになったのです。ここでは役所の仕事とか、WEBのプロモーションとか、観光のプロモーションなどを手掛けてきました。学生さんを連れて山奥に入って観光プロモーション動画を撮影したり、これはこれでけっこう好きな仕事でしたね。今はパチンコ業界の仕事がメインになっていますけど。

入社と同時くらいに、お金にはなりませんが、サークル活動として1GAMEを始めました。ストレスが溜まることはしていないですし、本当に楽しかったです。

いくらお金をもらっても、20代後半に経験したつらい思いは二度とゴメンです。

Column

お金で高級品を買って見せびらかしたくなるのはなぜ？

ＳＮＳに自分の持ち物をアップして、自慢している人がいっぱいいますよね。家にブランド品がいっぱいあったところで、見てくれる人はいないし、ほめてくれる人はＳＮＳの世界にしかいないから、見せびらかすためにインスタにアップするのでしょう。それはそれでお好きにどうぞと思います。

結果として、「すご〜い！　素敵！」と言ってくれる人と、「なんだよコイツ、金持ちぶりやがって」とたたく人に分かれることでしょう。

人に自分の持ち物を見せて称賛されたいという気持ち、人にほめられたいという気持ちが強い人は、やはり心に穴が開いていると思います。寂しいのでしょうね。

所有して自己満足で終わるならまだしも、自己満足を得るために他人の称賛でその穴を埋めなければいけなくなっています。ここに隙間がある人は、人から称賛されたいがためにいいものを欲しがるし、何かを形として人に見てもらいたいという自己顕示欲が凄まじくあるものです。

しかし、ものすごい大きなプロジェクトに取りかかっていて、全力をそこに注いでいる人であれば、そんな隙間は生まれません。

スティーブ・ジョブズも外見に関しては無頓着で、同じ服を何着も持っていて、いつも同じ格好でした。アインシュタイン博士も毎朝何を着るのか考えるのは時間の無駄だと言って、同じスーツを何着も持っていたといいます。

外見のことよりも、自分がやっている意義のほうが有意義だとわかっている人は、変な自己顕示欲はないですし、その代わり金では買えないものすごいオーラをまとっています。

一方で、お金、お金、お金と必死になって、背伸びをしてローンで高級外車を買った人は、体から覇気が出ていません。見てわかりますもん、この人、分不相応だなって。

散々言っていますが、お金というものは後から付いてくるものです。例えば、まずは自分の価値を高めて、それに伴って後から付いてきたお金を使って身なりが良くなっている人は、分不相応な感じを与えません。

そのため、すごい高級店にビシッとした格好で行った場合、そういう場に行き慣れてなくても、様になります。

なぜなら、その人の能力がそれを上回っているからです。

しかし、人から借りたお金で行く高級レストランや、10年ローンで買った車に乗っている人というのは、自分の価値がそこに伴っていないので、どこか場違いな感じが隠し切れません。しかも、そのことを自分でもうっすらと自覚しています。それがその人にとって楽しいことであればまだしも、背伸びをしていることでストレスになっていることもあり得ます。

僕自身、若い頃はいいものを買って楽しいはずなのに、それがストレスになって、逆に苦しかったことを覚えています。

ホームシアターとタワーマンションとお祝い事

貧乏神と7年ぐらい同居していた僕だから言えることもあると思います。**当時は、お金は入ってきても、ジャブジャブ出ていきました。**

20代の頃はアホな買い物もしました。

自宅にホームシアターを凄まじいお金をかけて作り上げました（笑）。いいものをそろえようとすると、無限大にお金が出ていきます。

ただ、その時にヨドバシカメラさんの接客力の高さを知ることができました。

ヨドバシ新宿店のスタッフはマニアック過ぎて、むしろ「買うな」なんて言われます。

僕はオーディオ製品を買う時に、「高いもの＝いいもの」と思っていましたから、高い製品を買おうとしました。

するとスタッフに、「これはあなたにはまだ早い」と言われたのです。それで、「試しにこれを聞いてください」と言われて、「次にこっちを聞いてください」と言われ、「では、どっちのほうがいいと思います？」と聞かれたのです。

正直、どっちがいい音なのか全然わかりませんでした。「違いがわからないんだったら安く済ませましょう」と言ってくれるのが、ヨドバシの新宿のスタッフなのです。

「最初はこれでいいんすよ。これでわかるようになってきたらこっちを買ってください」みたいに教えてくれて、その時に学んだこともいろいろあります。

当時は、ワケのわからないホームシアターを組んで、デカい音で聞いていましたけど、今よくよく考えたらヘッドフォンで十分でしたね（笑）。

あと、昔はタワーマンションの高層階に住むことに憧れていたので実現させましたが、それで得たものと言えば、エレベーターの乗り降りのダルさと、ゴキブリが出ないというくらい（笑）。そのためにどれだけお金をムダにしたことでしょう。

昔の僕は〝友達〟もたくさんいました。人の誕生日にはお祝いに行って、豪勢にボトルを振るまってワーッと騒いで家に帰ってきては、「何してんだ、俺は……」みたいに落ち込んでばかりでした。稼げば稼ぐほど交友関係が増えていくので、お祝い事みたいなことも比例して増えていくのです。

お金が好きなコミュニティーにいる限り、見栄も張らなければいけないということもあって、お金も相当出ていきました。

今はそういう付き合いをしてないので、全然お金が出ていきません。依頼された仕事に対して、ちゃんと仕事で恩返ししていればいいだけで、接待やらパーティやらする必要性はありません。もちろん、打ち合わせや食事をする機会くらいはありますけど。

僕がドライなのかもしれませんが、1GAMEの仲間ともお互い距離感は保てているから、いわゆる〝お付き合い〟もないですし、それぞれ自分のペースでできています。

1GAMEで遊び始めた頃から、同居生活が長かった貧乏神には卒業してもらいました。だから、今は何か犠牲にしているということはありません。あえて言えば体力ぐらい（笑）。最近、自分の体力の衰えをちょっと痛感してきています。

そもそも、何かを犠牲にして手に入れた人生、幸せというのはいつか限界が来ますし、楽しくはありません。何かを消耗して生きる方向に進んでいくと、それが尽きた時に苦しいだけです。

自分が進む方向に対して、消耗するものが何かというのをちゃんと考えておいたほうがいいと思います。基本、行く方向が間違っていなければ消耗はしませんからね。

僕の唯一の自分へのご褒美は……

僕も昔は酒とパチスロという中毒性の高いものにのめり込み、快楽に費やす時間を惜しみませんでした。

ただ、病んでいる期間に飲む気力もなかったので、そこでお酒はスッとやめました。部屋にずっと閉じこもっていた時期があったので、その間にもしかしたらデトックスできたのかもしれません。お酒を飲まなくなってから、「頭がクリアな状態のほうが、いつ何が起ころうがすぐ対応できる」ということに、遅まきながら気付きもしました。

特に子どもができてからは、親の責任ということも考えました。子どもが急に病気になった場合に、親である僕が酔っぱらっていて、車で病院に連れていけなくて手遅れになったりしたら、後悔しても後悔しきれません。

人間、お酒が回っている時というのは、思考が途中で止まるし、やっぱり正常な判断が下せないものです。

24時間脳みそフル稼動でいつ何が来ても的確に対応できる状態でいたほうがいいなと思ってからは、自宅ではいっさい飲まなくなったのです。

飲めないわけではないので、たまにお付き合いの場などで、空気的にいきなりウーロン茶に行けない空気がある時は、ビールを飲んだりしますけど、もう酔うまで飲むようなことはありません。

今とは対照的に、お金儲けに走っていた頃は、飲まなければやってられませんでした。朝の5時ぐらいまで働いて、もう居酒屋もやってないからコンビニでウオッカの瓶を買って、新宿の中央公園とかでひとりでラッパ飲みをしていました。意味もなく走り回ったりして、交番に連れて行かれたこともあったくらいです。

病みから回復して社会復帰した後は、ストレスが溜まることもなく、仕事で発散できるようになり、変に自分を休ませる必要もご褒美を上げる必要もなくなりました。

ただ、こんな僕でもやめられないのがタバコ。パチンコ・パチスロにしても、僕は丸一日打つみたいなことはもともとなくて、おいしいタバコを吸うためにやっていたということが最近になってようやくわかりました。ホールでタバコが吸えなくなった瞬間、仕事以外でパチンコ屋さんに行かなくなっちゃったので。今はプライベートで遊ぶこともほとんどなくなりました。

だから、仕事としては続けていくかもしれませんが、タバコをやめたらパチンコもやめるような気さえしています。僕の自分への唯一のご褒美はタバコなのでしょうね。

仕事で成功してひと財産を築いたら、働くのをやめる？

「自分にご褒美」と言いがちな人は、遊ぶために仕事をしているようなものです。お駄賃をもらうためにテスト勉強を頑張る子どもと同じです。

面白いことに、ご褒美のために勉強しても、テストが終わったら頭には残らず、消えてしまいます。その瞬間のためにやっているからです。**結果を得るための行為そのもので、これでは自分の価値が高まっていきません。**

これはお金も同じです。我慢して、嫌なことをやっているから、それを耐えたご褒美だといって、派手にお金を使ってしまいます。一種の反動なので、これを繰り返していてもお金は貯まることはないでしょう。

例えば、ビジネスで成功して、何十億円も資産を得た人が、もう十分だ、働いたご褒美だといって隠居生活を始めるかというと、そんなことはありません。堀江貴文さんしかり、前澤友作さんしかり。一般人にはワケのわからないことを始めたり、突拍子もないことを考え付いたりしています。たぶん自分がやっている行為そのものが刺激という名の報酬となるので、お金はもうどうでもよくなっているのでしょう。

たぶん、お金の使い方も道理に合っていると思います。自分の時間を効率よく使いたいからプライベートジェットを買うというのは間違っていませんからね。ホリエモンさんも「何千万円も借金して家を買う気持ちがわからない」といってホテル暮らしをしていますが、それはそれで一理あると思います。

ソフトバンクの孫正義さんにしても、楽天の三木谷浩史さんも、お金ではなく、自分が常にビジネスに干渉し続けるということがたぶん楽しいのだと思います。だから、引退する気なんてさらさらないでしょう。

三木谷さんも移動時間の短縮のためにプライベートジェット機を買ったのですが、贅沢のためではありませんから。そもそも、プライベートジェットが欲しくてたまらないという人はあまりいないですけどね。

ある意味、これは「仕事病」とも呼ばれます。弱い人たちのコミュニティーでは、「仕事病になっちゃうと人生終わりだ」みたいなことが言われていますが、それはまったくの逆です。

人間というのは働かないとご飯を食べていけません。だから、人生の大半は仕事、そして睡眠です。仕事と睡眠が人生の大半を占めているので、**仕事がまるで遊びのように楽しめている人、それで満足感を得ている人というのは、人生をトータルで考えたら凄まじく満足感が高くなります**。だから、仕事も苦ではないのです。

常習性のあるギャンブルをやめる方法を考えてみた

僕がパチンコ屋さんに出入りし始めた10代の頃は、何にもまして勝つことを優先していました。お金になるから始めて、その中に楽しさを見いだしたというところです。好きでやり始めたわけではなく、勝てるから始めて、勝てるから楽しかったというだけです。

僕は負けるのは嫌いです。一般客としてホールに行った場合、時間を使って負けるという行為が僕は耐えられないので、長時間は遊べません。

勝つためにはそれなりに時間も使わなければいけないし、努力も必要です。でも、今の僕はそこに使う時間よりももっといい時間の使い方をしたいと思うようになっています。

僕はもともとドライなので切り替えができましたが、ハマっている人にやめろといっても難しいでしょうね。

パチンコでもパチスロでも、大当たりした瞬間に脳内物質が出てくるのか、楽しいですし、気持ちがいいのは間違いありません。

もし、ちょっとでも依存性を緩和したいのであれば、「気持ちがいい」という脳内の刺激を変えることだと思います。

冷静になって、自分がパチスロで消費した時間を価値換算してみて、それよりも楽しいことを探してみるのです。

他の趣味だったり、仕事だったり、子どもと一緒にいたり……でも、それを上回ってしまうからみんな打ってしまうのですね。

パチンコでたまに1000円で大当たりして喜んだところで、トータルで考えれば絶対に赤字のはずです。

そもそも、みんなが負けるからこの業界が成り立っていることも理解していると思います。みんなが負けることでホールは賃料を払い、人を雇って経営できるわけです。

僕自身のことをずっと振り返れば、10代の頃はただユーザーとして勝ってきて、20代前半は、パチンコ・パチスロ台を作ることによって対価を得るという仕事をしながら、プライベートでは負けまくっていました。

負けてはいましたが、新しいパチンコ・パチスロ台を作ることに価値を見いだしていた時期でもあります。

2012年ぐらいから1GAMEで活動を始めてからは、パチンコで遊ぶことによって、金銭以外にもより多くの対価を得ることができたので、僕は常にプラスしかありません。楽しいですしね。そういう意味では少しみんなとズレているかもしれません。

意外かもしれませんが、僕はそもそもギャンブルが嫌いです。

僕は競馬も競輪もやりませんし、ボートも仕事以外でやらないですし、カジノにも興味はありません。

旅行で海外のカジノに行ったりすると、その空間は楽しいですけれど、癖になるほどの常習性はないのです。そもそもギャンブル狂ではないという前提があるから、ハマってしまって抜け出せない人の気持ちが少しわからないところがあるのかもしれません。

もしもギャンブルに依存しているなら、ギャンブルから得られる興奮や快楽を上回る何かをやるしかないですけど、そんなものがその辺に転がっているわけではないのも理解できます。

そうであるなら、ギャンブルを「気持ちいい」と思わなくなればいいと思いませんか？例えば、ＳＮＳの発散ワードを思い出してみると、「俺たちの金」「詐欺」「あくどい」などがありました。

では、パチンコでも競馬でも、「『俺たちの金』を『詐欺』的に『あくどく』奪い取ったヤツらが、『俺たちの金』でおいしいもの食ってベンツ乗って超絶美人と遊びまくっている」と考えてみてはどうでしょう？

あなたが負けるということは、せっせとソイツらに遊ぶ資金を貢《みつ》いでいることだ――そう想像するのです。

そんなの、嫌じゃないですか？　あなたがたまに勝ったくらいでは、ソイツらからは何も奪うことはできません。

究極的なことを言っちゃうと、パチンコはやめたほうがいいよ、ギャンブルはやめたほうがいいよという話になってしまいますが、それは真理です。

たしなむ程度は全然構いません。

僕だってタバコ吸いながら遊ぶのが楽しいですしね。ただ、それをストレス発散や自分へのご褒美にしなければいいだけです。

何事も適度ならいいでしょう。お酒だって毎日晩酌でビール1杯飲むというのは全然いいですが、その時間を優先し始めるとヤバいです。

仕事が終わった後の遊ぶことを考えながら仕事している人と、仕事に集中している人では、発揮される能力が全然違いますからね。

失敗はストレスにはならない

いろいろ偉そうに書いてきましたけど、僕だって仕事で失敗することはたくさんあります。だからといって、それがストレスになることはありません。

全然視聴数が伸びない動画を作ってしまった時などは、「あ、こうやると失敗するんだ」というのがわかるから、「もうこれはやめとこう」と、逆に勉強になります。

それで生活が打撃を受けるレベルの失敗だったらストレスになるのかもしれませんが、結果的にはプラスになるので、「失敗した」というのをいろんな人に共有して、「もう次は失敗しません」と誓うのみ。逆に、「これで俺、ひとつ頭良くなったわ」と思って、もう頭の中はスッキリします。

動画単体で見れば赤字の回もあります。ホールからお金が出るお仕事ではなくて、再生数だけで考えたら、編集人員の人件費を含めた制作費のほうが上回ったということもありました。

面白いことに、マニア層、マニア向けなことをした時に、一番失敗しています。

発信業や、ある程度経営に携わってきてやっと見えるものだと思いますが、人というのは欲しいものを言いません。

欲しいと言っているものは、実は大して欲しくないものだったりします。目の前に置いて見せると欲しがるんですけどね。

だから、人が欲しがるものを自分で探して、見せてあげなければわからないということが、YouTubeなどで配信を始めるようになってわかってきました。

そのため、「こういうのが観たい、ああいうのも観たい」というニーズに応えることをやめました。なぜかというと、その言葉を発している一部のマニア、通の人しか欲しがっていなかったからです。

しかも、**小さいニーズほど声が大きい傾向にあります。**

やはり僕らが求められているのは、声に出さない多くのお客さんたちからであって、それまで通り大衆に向けたものを作らないとコケるということを学べただけありがたい経験となりました。

すごいキレイ事ですけど、「軽い失敗させてくれてありがとう。俺は痛い思いをして、学ぶことができました。これで賢くなりました」という思いになりました。それがある意味、一番のご褒美かもしれません。

僕の場合、失敗とか数字が上がらないというのがストレスになるのではなく、むしろ自分がやりたいことができないことがストレスになるのかもしれません。

やりたいことが好きな時に好きなようにできるための切符が「お金」だと言うことができるでしょう。

［第４章］

福の神の育て方

まだまだ小さな福の神を大きく育てる方法をお伝えします。そしてその先に待っているものは何か——さあ、一歩を踏み出しましょう。

「福の神」を大きく育てていこう

前章では「これはやってはいけませんよ」ということをいろいろと言ってきましたが、本質的には「悪習慣を正当化するのをやめよう」、「自分に言い訳するのもやめましょう」ということだけです。

考えてみれば、僕は20代後半の金儲けに走っている時、自分にかなりたくさんご褒美をあげていました。「こんだけ嫌な思いをしてるんだから、疲れてるんだから、休んでもいいよな」とか、「こんだけ成果を出したんだから、これ買ってもいいよな」とか。

今ならこの思考は不要になっていますが、その当時はわかっていなかったのです。「ああ、お疲れ、俺」みたいに自己満足をして、「こんだけ働いたから今日は何もしなくていいよな」なんて……今なら絶対にそんなこと考えません。

「こんなに働いたから」ではなくて、欲しいなら買うだけですし、一般的に贅沢と思われていることでも、そのサービスを使えば時間効率がいいのであれば、お金を払って買うだけの話です。

必死にお金を追い求めた時よりも、お金なんてまったく追わなくなった今のほうが全然

収入が多くなっています。不思議ですよね。自分がストレスを溜めずに熱中できることに全力投球をしたら、できることがいっぱい増えてきたし、得るものも多くなってきたし、人に感謝されることも多くなったというのは。

20代の頃に読んだ自己啓発本に書いてあったことがけっこう正しかったということも30代にして気付くことができました。

10代の頃に「勉強なんて何の意味があんだよ」と思っていても、30代になって学びの楽しさをやっと知るのと同じレベルで、「人が言うことは聞いておいたほうがいいぞ」というのも意外と後になってから気付くこと。僕が20代後半でデススパイラルにハマっていたから言えることです。ですから、上からモノを言っているわけではなくて、経験者の意見として聞いてもらえたら嬉しいです。

さて、この章では、2章の続きで「こうしたほうがいい」というプラスのことを書いていきます。前の3章では「これをしてはダメだ」とマイナスばっかり言っていたので、その逆です。2章である程度、「こういう順番でやりましょう」、「習慣付けましょう」と福の神の作り方について書いていますので、4章ではその福の神をこの先どのように大きく育てていくのか、実際に今の僕がやっていることに近いことを書いていきます。

他者に資産を分配する

知識と経験を分け与える

僕自身、自分が今すでに持っている「資産」は、人に渡し始めようという段階に入っています。もちろん、金融資産を周りにばらまくという意味ではありません。

僕が経験を通して得たもの、例えばＹｏｕＴｕｂｅでどのようにしたら数字が上がったのか、ブログではどうやったら注目を集めてＰＶを増やすことができたのか、そしてチームを作る時にもどのようにしたら上手くいったのかなど、テクニカルな部分もそうですし、今この本に刻み付けている知識や考え方といった、自分が知っていることは極力、人と共有して、いいことはまいていきたいと考えるようになりました。

昨年開業したオンラインサロン『遊び人のギルド』や、本書の役割はまさにそれ。僕がやってきたことを全部周りに広めていくことで、誰かが「20代後半の僕」と同じような人生を送ることを阻止したいですし、**どんなに苦しくても、「人生そんなに捨てたものじゃないよ」と伝えていきたいと考えています。**

今まで僕はYouTubeなどではあまりテクニカルな話はしてきませんでした。「僕は『1GAMEのてつ』というキャラクターを演じてやっているんですよ。こういうのは全部やらせですよ」というのを、みんなが楽しんでいるYouTubeという同じ媒体でやってしまうと、冷めてしまう心配があったからです。

ただ、ネタばらしではありませんが、僕が何を考え、どういう思いで動画を作っているのか知ってほしいという思いもあります。そこで、「やらせのおかげで、こういうメリットもあるんですよ。『1GAMEのてつの中の人』は、こういうことを考えてますよ」ということを開けっ広げで話す空間として、オンラインサロンを開設したのです。

オンラインサロンは有料にしていますので、わりと閉鎖的ですし、何十万人もいるサロンと比べれば、小さな規模でやっています。そこにお金を払って来てくれた人には、ちゃんと僕が持っている知識は全部共有するようにしていくという決意の下、運営させてもらっています。

他者に幸福を分配する

慈善活動

いきなりですが、「慈善活動」って、SNSの住民に「宗教か？」「偽善だろ」とツッコまれそうな、ちょっとヤバそうなタイトルですね（笑）。寄付したり、慈善活動やチャリティーに賛同したりすることを、「若いうちからやっておきなさい」、「日常生活でやっていきましょう」という人はいっぱいいます。しかし、それにどういう意味があるのか理解できなければ、なかなか進んでやろうとは思いませんよね。

「寄付だと？　俺に寄付してほしいわ」という人もいることでしょう。まぁ金額の問題ではなくて、気持ちの問題なので、可能であればやってほしい行為です。

では、いったい何のために慈善活動をすべきなのでしょうか？

困っている人を助けたいから、苦しんでいる人を支援したいから……なんて言ったら、また「ウソつけ、この偽善野郎！」と罵《ののし》られることでしょう。

それはその通り、**結局のところ、僕は〝自分のため〟にやっているのです**。世界からイメージの良くないパチンコ・パチスロのイメージ回復をしようなどという打算があるわけでもなくて、一番の打算は自分の「肯定感」を上げるためなのです。

寄付など慈善活動はやっていて楽しい上に、しかも「ありがとうございます！」なんて感謝されると、「自分は世の中にプラスなことをしているな」と、自分がやっていることを肯定できるし、仕事を進める上でのモチベーションになるのです。

海外の著名人たちも、慈善事業やチャリティー活動に熱心です。それは、みんなにいい人だと思われたいからというよりも、たぶん自分で自分を好きになりたいからやっているのではないでしょうか。

それをやらないで、自分が仕事で得たものを独り占めしていると、どこか腹の底で「これでいいのかな？」という疑問を抱えたまま消化不良が続くことがあります。

ちょっとお金を1カ所に集め過ぎだなと思ったら、ある程度は困っているところに分配していくという活動をすると、社会のためにもなっていますし、何よりも自分で自分が好きになれるということがあるので、こうした活動は非常に大事だなと思います。

実際、また次の仕事を頑張ろうという気にもなれます。もちろん、そう思わない人もいるでしょうが、僕はそれがある意味で励みになります。

慈善活動的なことをしている時は、「俺はこの仕事をやっていていいんだ」と自分で納得できる、一番わかりやすい自己満足を味わうことができます。「世のため、人のため」などと大げさに考えるのではなく、**自分を満足させるため、自己肯定感を上げるためにやったほうがいいものです**。

「自分だけ良けりゃいいや」という考えに陥ると、周りの目とか一切関係なくなり、とても自分のことを肯定できなくなります。

それどころか、「俺、何やっているんだろ……」と自己嫌悪にハマってしまって、自分で気持ちが悪くなってきてしまいます。

そういう気持ちをスッキリさせるためにやっていることで、本当に自分のためであり、僕の浪費活動みたいなものです。

人には最低限必要な消費衝動、浪費衝動みたいなものがあるのかもしれません。ウインドーショッピングして衝動買いしてしまう習慣が僕にはない分、その衝動を寄付や慈善活動に充ててスッキリするのでしょう。いいところだらけなので、やったほうがいいですよ。

だから、「おまえ、それ偽善だろう」と言われても、**「はい。偽善です。偽善というか、自分のためにやっているから、別に人のためにやっていないです」**と、誰に何を言われようが開き直っているところは僕自身にもあります。

自分の仕事は自分の仕事で利益追求をしながら、自分の浪費衝動は社会のほうに回すということで、「僕はここにいていいんだな」という感じにはつながります。

本書の印税はすべて寄付

今回もこの本の印税は全部寄付すると決めています。まだどこに寄付するかは決めていませんが、自分の懐には入れないお金にします。たぶん、新型コロナウイルスと戦っている団体や施設への寄付になると思います。

僕はもともと子ども関係の慈善事業、ボランティアに以前から興味があるのですが、なかなかどこにどう手を出していいのかが難しいと感じています。

どこでもいいのであれば、適当な団体に寄付するのは簡単ですけど、何が一番いいのか、困っている子どもたちの支援になるのか、いろいろと模索中です。

3

Rich Time

自己投資を継続する

成長を止めない

事業が上手くいくまで一生懸命頑張っていた人でも、目標を達成して、お金をいっぱい持って偉くなってしまうと、そこで満足してしまって何もしなくなることがあります。

お金を稼ぐようになって、事業がある程度上手くいくようになると、今度は時間を取れるようになります。僕の場合はちょっとタレント業みたいなところがあるので、普通の事業経営者に比べれば時間を食ってしまいますが、自分が主役となることで雑用から解放されて、自分で時間を捻出することが可能になってきます。

仕事も任せられるところは若手に任せていられるようになって、ようやく時間ができた時に、「よっしゃ、これで遊べるぞ！」ではなくて、余った時間で次のことができるように、

また振り出しに戻って、自己投資を続けていかなくてはいけません。

事業が軌道に乗ってくると、やることがいっぱい出てきて忙殺されてしまいます。その時期は忙しいので何もできなくなりますが、そこを突破すると少し時間ができるようになります。その時に「遊ぶ」のではなく、1に戻るということを肝に銘じておいてください。

僕も少し時間を作れるようになったので、英語の勉強の時間に充てていると書きました。仕事が本当に忙しい時は頭がもうパンパンで勉強なんてできません。ちょっと余裕が出てきたなと思ったら、またすぐに勉強をしましょう。

全部ひとりでやっていたのが人に分散できるようになってきた時こそ、次に新しいことを始めるための勉強が必要だし、事業に関しても常に前に進んでいかなければいけません。

自分の資産も使いっ放しだといつか空になるので、新たなインプットも必要となります。事業もいつまで調子がいいかはわからないものです。

全部自分ひとりで事業を成功させてきた場合、なかなか人に仕事を分散できないタイプもいます。「自分がやっちゃったほうが早い」ということも出てくるかもしれませんが、いつまでも自分が仕事を抱えていたら、なかなか人は育ちません。

僕は、そもそもタレント業が気持ち的にあまり向いていないところがあって、本音としてはYouTubeの活動はすぐに引退したいくらいです。

今僕が引退してしまうと急に売上が落ちてしまうので、それはできないのですが、僕としては全部、人にバトンタッチしていって、早く裏方に回りたいのです。

そもそもYouTubeを始めた時は、ここまで顔にメークしたキャラクターをずっと続けているとは想像すらしていませんでした。動画配信自体は上手くいっていますけど、自分の出演に関しては最初に計算をミスったところでもあります。僕は人見知りが激しいですし、いまだに人前に出るのがそれほど好きではないですからね。

逆に、みんなから注目を浴びるのが快感だと覚えるタイプだったら、タレント業にしがみついていたかもしれません。結局は忙殺されて、お金は貯まるけど何も成長しないでPVが下がっていく未来が見えるようです。楽しければそれはそれでいいとは思いますが、タレントしかできない人に自分がなってしまうのはもったいないと考えています。

自分の知名度と影響力を勘違いして、突然、飲食店やブティックを始めて、結局はコケてしまった芸能人というのは、おそらく芸能活動だけをやっていたのだと思います。

でも、本当にデキる人というのは、たぶんGACKTさんがひとつの例になると思いますが、芸能活動をしながら経営の勉強をして、他分野でも事業家として成功しています。

そうした方々というのは、芸能活動だけやってればいいやとは思わず、**日々、猛勉強を積み重ねて、自分がやりたいことを実現していっているのだと思います。**

何かひとつのことが上手くいったからといって、それは運かもしれないから調子に乗るのはやめましょう……と、この僕が偉そうに言うのも何なんですが、僕自身はまだまだ調子に乗れるレベルにいないので、もっと自分に投資していって勉強する所存でございます。

孫正義さんでもGACKTさんでも、突き抜けている人というのはずっと止まりません。まさに、ア・ローリング・ストーン・ギャザーズ・ノー・モス、転がる石に苔はつかない——転がる石のように常に活動していれば、苔などつかないで新鮮なまま——です。

手に入れた時間と金融資産を投資する

事業が軌道に乗って、人に仕事をある程度振っていくと、時間とともにお金も余り始めます。このタイミングで、最初に「やめておけ」と言っていた金融投資についに足を踏み出すフェーズに入ります。株式投資や為替など、お金でお金を増やしにいくというのは、まとまったお金を持たないとできません。レバレッジ（他人資本を使い自己資本に対する利益率を高めること）を掛けるなんて、よくよく考えたら怖いじゃないですか。お金もないのにそんなことをやったら神経がすり減るだけです。

なけなしの100万円に10倍のレバレッジを掛けて取引しようものなら、ドキドキで仕事なんか手に付きません。そうではなくて、失っても誰にも怒られない1億円がある人だったら、もっとリスクを減らして自分の資産で運用ができます。

普通に生活をしていて、仮に年収が数千万円に上がってきたら、絶対にお金は余ります。毎日毎日大きな買い物をするわけでもないでしょうし、そんなにお金は使わないものです。そうであるなら、余剰資産は金融投資に回すのがいいでしょう。

僕も最近やっとそこのフェーズに移行したというぐらいです。銀行に置いておいても低金利時代なので増えることはありません。だったら、自分が好きなことに投資したり、増えるものに投資したりというふうに回していけば、神経も使わないですし、健全です。

特に若いうちは「余剰資金」といったって、たかが知れています。株式投資することによって新聞を読む動機になったり、経済に強くなるという意味はあるかもしれませんが、そのお金で何ができるわけでもないと思います。だったら、余剰資金は全部、自分への投資と事業に入れてしまったほうが絶対にプラス。余計な神経を使わなくて済みますしね。

例えば、1000円を2000円にするのは至難の業で、競馬やパチンコでやろうとしたら、高い確率で0になってしまいます。でも、手元に1億円あるのなら、ほぼノーリスクで1億1000円にすることは可能です。資本主義のこの世の中では、大きなお金を回している人が圧倒的に強い仕組みになっています。そのため、金融的な弱者のうちに強者のマネをしたり、そこで勝負を賭けようとしても不利なのです。勝てる見込みのない勝負をするのは無謀ですし、勝負するなら有利な条件でしなくてはいけません。

普段は「お金お金」とヒーヒー言っている人が、勝算もないのに金融市場で勝負を賭ける意味がわかりません。**僕の持論でもありますが、勝てる試合以外をしてはダメです。**

自分がやりたいことや夢があって、カバンひとつで海外に渡るというのも、自分の人生を賭けた一種のギャンブルかもしれませんが、こういう行動はすごく大事です。

しかし、**ことビジネスにおいても、博打はしてはいけません。**海外で痛い目に遭って日本に帰ってくるなら、それなりにいろんなことを学べるでしょうが、事業でのギャンブルは個人では手に負えない負債を抱える恐れもあります。

だから、僕がどうしてもYouTubeを始めたいという人に、「最初に絶対にお金は使うな、体力だけでやりなさい」と重ねて助言するのは、勝つか勝たないかわからないところにお金を投資するのはムダに終わるかもしれないし、もったいないと思うからです。

4

人の声に耳を傾ける

良いモノはすべて取り入れる

何となく仕事が上手く回るようになっていくと、自己肯定感がワケのわからない方向に行ってしまって、「あ、自分、全部正解じゃん」と思い始めるものです。そうするとちょっと自信がついて、「今の自分は正しい」、「今のやり方で間違いない」と思い込んでしまいます。そうなると、人の話をあまり聞かなくなってきてしまうことも出てきます。

僕はいろんな人に会って、いろんな人の意見はちゃんと聞くようにはしていて、あまり「これが正解です」という持論は持たないようにはしています。なぜなら、正解というのは状況によって変わりますし、人によっても違って当然だからです。

自分の世界観は小さいと知る

例えば、起業して、「これでいける！」とある程度、手応えを感じているような時こそ、落とし穴に落ちてしまいがちです。自信を持つのはいいですが、そこで独善的になってしまうと、自らの成長を止めてしまうことにもなりかねません。だからこそ、部下の話や他業種の人の話をちゃんと聞いて、常に自分をアップデートしていく必要があります。

成功してしまうと、自分の成功の方程式が書かれた「自分ブック」が完成してしまい、たぶんそこに新たに書き込むのが嫌になるのでしょう。誰かに何かを言われて、「そんなことは自分ブックの23ページに書いてある」なんて言っているうちに資金繰りが苦しくなって、事業をたたまざるを得ないような事態に発展したりします。

そんなに世の中は上手くできていなくて、過去に上手くいったやり方が必ずしも〝今〟に通用するとは限りません。自分ブックはなるべく余白を多くして、「俺は面白いと思ったけど、今の20代には面白くないんだ」とか、新たに書き込んだり、ガシガシ消して直していくという作業は、どんなに成功したとしても必要です。時代もどんどん変わります。

そもそも自分の世界観はとても小さいものだと自覚するのが肝要です。

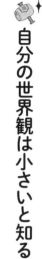

人に協力して応援する

次世代への投資

この章で最初に紹介した「他者に資産を分配する」の中で、自分の知識、資産を周りに分け与えていく大切さには触れています。ここで取り上げる項目もそれと近い考え方ですが、自分が「こいつおもしれえ、これから伸びそうだ」と思った人物に対して、ただテクニカルな部分を教えるだけではなく、もっと積極的に協力していったほうがいいでしょう。

自分もいつまでも若いわけではないので、ちゃんと自分の次の世代に投資していかなくてはいけません。僕の場合は、新入社員を入れる時でもそういう感覚ですが、特に新しいタレントが入る時などは、自分が伸びるなと思ったらある程度の先行投資は必要だと思うので、そこは躊躇《ちゅうちょ》なくやっていきます。それは別の事業であっても同じです。

やりたいことや夢を持っている人に対して、自分が協力できることがあるのであれば、協力したほうがいいと思います。面白いアイディアを実現できる資金がなくて困っているなら、資金を提供する「投資」という形を取ってもいいでしょう。助けを求めている人がいるなら、助けたほうがいいでしょう。

パチンコ業界で言えば、考え方が柔軟で面白いので応援したくなるようなお店や企業もありますが、彼らも具体的に何をどう始めていいのかわからずに何も動いていないということも多々あります。そこで僕がちゃんとコンサルティングで入ることによって、自分の知識と経験を注入して、もっと伸びるようにしたいなという思いがあります。

コンサルティング

実際、僕はコンサルティング業務を始めたところです。とあるホールの集客のコンサルティングを、今のところ僕らはお金を取らずに行っています。今までお世話になっていたということもありますし、僕たちが今まで培ってきたノウハウを提供して、そのお店が独自集客できるような仕組み作りを模索中です。

こうした事例について、オンラインサロンではビジネスの題材としてお話ししていますが、Ｔｗｉｔｔｅｒなどで触れることはありません。サロンでは、こんな失敗をして、こんな成功もあってというストーリーをちゃんと伝えていきたいので、公表していきます。「１ＧＡＭＥのてつプロデュース」と大々的にやってしまうと、また僕が表舞台に立つことになってしまいます。それが目的ではなくて、ノウハウだけ提供していって、僕のタレント的な価値を除いた状態で、お店が独自集客をできるのが一番いいと考えています。

要は、１ＧＡＭＥのてつというキャラクターで人を集めるのではなくて、僕の持っているノウハウでどれだけ集客できるかが勝負です。そうして、お店が自分で集客できるシステムを作ることがたぶん今の業界にとっては一番いいことだと思います。

ちょっと突っ込んだ話をしてしまうと、パチンコ店には広告の規制が入って、昔のように「出ます、出します、出させます！」なんて射幸心をあおるような広告はできなくなりました。そこで、僕たちのような媒体、メディアにＣＭ的なこと、要はステルスマーケティングみたいなことをさせないといけない時代になってしまっています。これは、ホール側には大きなお金の負担となります。

僕たちは、今それをひとつのビジネスにしているので、あまり言うと自分たちの首を絞めることになるのですが、**一番健全な形というのは、お店が自分で自分のお店をＰＲでき**

ることだと思います。

ただ、今どこの店に対してもコンサルの人が言うのが、「Ｔｗｉｔｔｅｒのフォロワーを増やしてもっとアピールしなさい」とか、「自分たちでＹｏｕＴｕｂｅチャンネルを作りなさい」ということ。でも、毎日現場で仕事をして、数字を上げようと必死にやっている人たちが、仕事が終わった後にそんなことができるかといったら、現実的に無理でしょう。それで、結局は高いお金を払って、ステマを仕込んだりしているのが現状です。

僕は、それを効果的にやる方法がわかっています。例えば、専属の広報をひとり雇用して、僕らのノウハウを着実にやっていけば上手くいくはずです。そうなると僕らみたいな仕事はなくなっていくのですが、逆になくなったほうがいいと心のどこかで思っています。パチンコ・パチスロ業界を食いつぶしていくようなことではなく、お世話になった業界を立て直す方向に、僕たちもシフトしていくところです。

ドラマ『半沢直樹』ではないですけど、恩の「倍返し」というのは本当に大事です。今までお世話になったホールには、お金を使わない方法を教えていくというのが役目だとも考えています。特に、僕らをただの「集客の駒」としてだけではなく、**ちゃんと理解してくれた上で付き合いを続けてくれたところには、しっかり恩を返していければと思います。**

6

世界に干渉する

社会問題の解決等に取り組む

「世界に干渉する」なんて、ちょっと大げさですか？　でも、それは不可能なことではありません。今まではあなたが自分のビジネスの世界だけ、あるいは自分の周囲だけにしか目を向けていなかったとしたら、これからは一歩進んで、自分が干渉する世界を増やす方向に向かいましょう。

世の中がいいほうに向かうようにするところに自分が干渉していく、関与していくことができると、これまた自己肯定感が凄まじく上がっていきます。

メチャメチャ難しいことですが、こうしたことを意識し始めると、「自分がこの仕事をやっていて正解だな、利益を上げることって正解なんだな」と、仕事をすることもポジテイブに捉えられますし、自分で自分をほめてやれるので、すごく気分のいい1日を過ごすことができるようになります。**夜もぐっすり眠れます。**

例えば、パチンコの世界でも依存症の問題とか、子どもの車内放置とか、身近な社会問題がいくらでもあります。それを僕たちだけで解決しようとしたって無理です。

しかし、微力ではありますが、そういうことを意識しながら、少しでも問題解決に貢献できれば、これほど幸せなことはありません。

今、僕は子ども、ペットの車内放置撲滅キャンペーンのポスターに起用されていて、一応それはお金は取らずに無料で素材提供をしているのですが、世の中が少しでも良くなる方向に社会貢献することができたら素晴らしいことです。

「世界に干渉」「社会貢献」なんて言うと壮大過ぎて手も足も出ない感じですけど、身近なことからまず手を出してみるのが大切です。**自分が何かをすることによって、社会がいい方向へ変わっていくというのは、すごく楽しいことです。**利益が上がるという次元とはまた別の楽しさ、やりがいがあるのです。

きれい事を抜きにして考えると、例えば自分がすごく好きなゲームやパチンコの機械があったとして、それをあなたが動画上ですごくプッシュしたことによって、それがブレークしたとなれば、すごく楽しいし嬉しいのではないでしょうか。

自分が世に影響を与えていると実感できるというのは、強い自己肯定感に繋がるので、社会貢献はできることからやったほうがいいと思います。

僕は30代前半の時に、「俺って何なんだろう……」みたいに一度落ち込んだことがあるのですが、今はまったくそれがありません。自分が作った動画に対して、世の中が反応してくれるというのは、まさに制作者冥利に尽きます。

こうした経験からも、やはりお金ではないんですよね。自分が作ったものが、仮に高額な対価をもらったとしても、世間がまったく無反応だったら、「儲かった！」とは喜べません し、嬉しいとも楽しいとも思えません。

例えば本を書いている人も、それに影響を受けたという人がいると、お金には代えられない楽しさ、嬉しさを得ているはずです。それは、次の制作活動、仕事に対するモチベーションにもなります。

自分がこの世の中の〝歯車〟として動いているという感覚ではなくて、ど真ん中に据えられるという感じで、前向きに進んでいけます。

自己啓発本などでよく書かれている「主体的でありなさい」という言葉の意味は、たぶん自分からすべてに干渉して自分の世界を広げなさいということだと思います。
当然のことながら、自分が干渉できることというのは最初のうちはすごく小さいものです。いくら頑張って発言しても、数人しか見ていないかもしれません。しかし、僕がずっと「影響力は資産ですよ」と言っているように、影響力を膨らませていくと、同じことを言っていても聞く人が増えていきます。

自分の影響力で動く人が増えていく時には、連鎖反応的に変わっていくということを実感できるようになってきます。

僕自身がそれを実感できるようになったのが2年くらい前からです。僕が何か言うと、大勢の人が動くぞというのが体感できるようになってきた時に、「自分の干渉ゾーンが増えているな、それならちゃんと世界に干渉していかないといけないな」と思うようになったのです。

人類にとっての益を考える

2020年4月、新型コロナウイルスと戦う医療従事者の方々に対して少しでも役に立てればと思い、僕の運営するオンラインサロン『遊び人ギルド』から、国立国際医療研究センターに1000万円を寄付したということがありました。

僕は、大好きな『X JAPAN』のYOSHIKIさんが国立国際医療研究センターへ1000万円の寄付をしたことを公表したことと、「寄付は、もし可能なら、公表したほうがいい」という言葉に感銘を受けました。

僕はもともと、こうした寄付行為などは「黙ってやる」ことが美徳だと捉えていたところが正直ありました。しかし、公表することで「良い連鎖が起きる」とYOSHIKIさんに示唆されたことで寄付公表に至ったのです。

すると、それは現実になりました。僕の寄付公表がキッカケとなり、多くのパチンコ関係者が続々と寄付を表明してくれたのです。結果は想像以上で、彼らが寄付した金額はトータルで僕たちの倍以上にもなりました。

僕自体がやれることはこのサイズでも、影響力が大きければ感化された人たちがみんなプラスなことをし始めてくれるので、やはり影響力が大きくなり、干渉できるゾーンが増えるというのは、すごくいいことだと感じた出来事でした。

この件では、**みんなで幸せが割り勘できる感じが良かったですね**。僕に乗っかって寄付した人も、自己肯定に繋がるだろうし、やっていて気分の悪い人はいないと思います。

今まで社会貢献などに興味がなかった人でも、やってみたら自己肯定感が得られて、他の社会問題にも目が行くようになれば、もう僕の成果は出たも同然です。

ちなみに、1日数十円からできる寄付制度があります。1日50～60円くらいを寄付することにより、ご飯を食べるのに困っている人に1食を提供するという活動があるので、僕はそれをずっとやっています。

先に「他者に幸福を分配する」で書いてあることを徹底すれば、ある程度はできてしまいます。できた上でそれをちゃんと維持していって、終わらせないというのが「世界に干渉する」という趣旨です。

これも、動機は自己中心的でいいと思います。それが「人のため」「社会のため」「○○さんのため」とかになってくると恩着せがましいし、また気持ちが悪い話になってきます。**だったら、「全部、俺のためだから。自分のためにやっていますよ」とズバッと言えちゃうほうが、気持ちいいと思います。**

しかも、生き物として本能的に他の人にいろいろ分けるとか、人を助けるというのは、気持ち良くなるようになっているように感じます。最終的に自分のことしか考えてないという自覚を持っておくのはけっこう大事で、全部、回り回って自分のためなのです。

愛する者に最大限の幸福を与える

家族や友人は資産価値として計れない特別な存在と知る

あなたが何よりも最優先事項にしているものは何でしょうか？　福の神を育てているこのフェーズであれば、まさか「お金」ということはありませんよね？

僕の場合は、仕事よりも会社よりも、家族が最優先です。例えば、それが会社の同僚や友人でもいいですし、自分が余暇でお手伝いしているような福祉団体でもいいですし、趣味で集まる仲間でもいいでしょう。

自分が「こいつらが一番優先だ」と思って最大限パワーを入れられる、自分の居場所が必要です。無条件で自分は愛を注ぐし、相手も無条件で自分を受け入れてくれるという環境がないと、人間というのは不安定になってしまうものです。

よく海外などでは言われていますが、**夫婦円満で子どもも問題を起こさずに家庭が上手くいっている人は、社会的信用も上がります。**

そういう意味では、スキャンダルが瞬時に日本全体に広まっていきますから、芸能人なんかは可哀そうです。そんなスケールではなくても、「あそこの人、最近、家庭崩壊したらしいよ」「ダンナが不倫してたって」と聞くと、その人に別に問題がなくても、信用度というのは落ちて行きます。そういうところ、人は見ているし、体感するものなのです。

だからこそ、他の場所では相手にされなくなったとしても、打算からではなく心から大切にしている自分の居場所、最終的に帰る場所を守っていくというのはすごく大事です。

話していても、奥さんの悪口ばっかりとか、親の悪口ばっかり言っている人って、なんか嫌ですよね。逆に「俺、ウチのカミさん大好きだし、子どもも大好きだ」と言っている人は、ノロケの部分もちょっとあるとは思いますが、「こいつ、悪いヤツじゃねえな」と感じるのではないでしょうか。家族の悪口ばっかり言う人って、何か欠けているように見えてしまいます。だから、あまり欠けている部分を作らないためにも、自分が一番満たされているところを作って、全力でそこに愛を注ぎ込むことが大事になると思います。

僕はずっと貧乏神と暮らしていて、3章に書いてあるような悪習慣を続けていました。

自分の利益を最優先する生き方をしてきて、本当にメチャクチャ苦しんできたのです。

しかし、僕は子どもができてから考え方が変わりましたし、悪い習慣をひとつずつ変えていったら実際に上手く回るようになったということは、胸を張って言えることです。逆に、若いうちは守るべき場所探しの時期なのかもしれません。

これも、ある程度進まないと見えてきません。これぞ全力で愛を注ぐべき相手だと勘違いして、ワケのわからないイタい人に全神経を注いでしまう恐れもあります。

自己肯定感と信用力を高める

自己肯定感と信用力が高い人にはいい友達もできるし、いい家族もできます。何よりも変な人が寄ってきません。逆に、「どうせ俺なんて」と自己否定してばかりで、どうも信用できないという人の周りには、やっぱり変な人ばかり寄って来るものです。

ただ、10代20代では守るべきもの、帰る場所など見えるはずもないので、最初は自分のことだけ考えて、がむしゃらでいいと思います。ある程度進んで、ちょっと規模が大きくなってきたら事業化を考えるようになって……というステップがあるのですが、その過程でちゃんと自分の居場所を作っていけばいいのです。

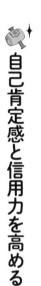

いくら仕事が上手くいっていても、家庭が壊滅している人は、見ているとキツそうです。結局、家庭崩壊してまで、ビジネスで成功する意味はあるのでしょうか。**愛すべきもの、守るべきものがなく、ただ働いている人間になってしまいます。**

だからこそ、慈善活動を行ったりとか、家が円満であることというのは、自分の成功は正解だったと、またもや自己肯定に繋がっていきます。今の僕はそう思えている状態なので、次のステップに行きやすい状況になっています。

例えば、オレオレ詐欺みたいなものに手を染めて儲かっていても、絶対に自己肯定などはできるはずもありません。極悪人のまま死ねればそれでいいのかもしれませんが、人というのはそんなにタフでないので、寝られない日が出てくると思います。

ある時、ふと、「あれ、俺、何ができるんだろう? お金は確かに何億円か持っているかもしれないけど、今まで恨みしか買っていないし、俺って何?」と落ち込む時期が出てくるはずなので、こんな人生が楽しいはずがありません。

自己肯定感を高める行為に寄付や慈善事業に協力することがあると書きましたが、それで周りに嫌われるということはありません。続けていくことで自己肯定感を得られて、また頑張ろうという気持ちになれます。夜も本当に気持ち良く寝られますよ。

夢に挑戦する

後悔しない生き方をする

あなたの夢は何ですか？

僕が若い頃は「お金持ちになることです」と言っていました。

若いうちはそれでいいと思います。しかし、それは到達点なんかではありません。大事なのは、得たお金で自分が何をやりたいか、です。

僕も自分のやりたいことはずっと後回しにしてきて、本当にやりたいことは何だろうと考えるようになったのは最近になってからです。

僕自身、仕事も家庭も満ち足りているのですが、〝夢〟のところだけはちょっとだけ欠けさせておこうという考えでした。

心の中にある〝幸せタンク〟もいっぱいになってきていますので、次の幸せタンクをいっぱいにするために夢に進んでいきたいと思います。

要は、後々になって「あれやっておけばよかった、これやっておけばよかった」と思いたくないと思っています。だから、「ああ、満足した、じゃあもう寝てよう」ではなく、満足したとしても常に次のことを探していかなくてはいけないと思います。

未知の世界に飛び込む

僕は40年生きてきましたが、自分が知らないことはまだまだ山ほどあります。旅行以外で、日本から出たことすらないですから。今、世界全部がインターネットでつながっているので、昔ほど目新しいことはないと思いますが、それでも日本から一歩外に出たら、自分が見たことも聞いたこともない世界が待っています。

世界に目を向けると、ビジネスや情報発信に関しても、自分が今までコミュニケーションを取ってきた数万人というレベルの規模ではない数の人たちがいます。もし僕が英語や中国語を身に着けて、その人たちとコミュニケーションが取れるようになると、さまざまな可能性が見えてきそうなので、僕は今そちらに挑戦をしようとしています。

世界は自分を中心に回っていると知る

立ち位置を変えるだけで世界の見え方は変わる

「お前が中心で世界が回っているとでも思っているんじやねえだろうな！」

あなたは、そんなふうに怒られることがよくありますか？　もしそうだとしたら、自己中心的で、周りに対する配慮がやや足りないのかもしれません。

ただし、自分の頭の中の意識としては、自分は世界の中心にいないといけません。なぜなら、自分の意識というのは電脳化できているわけでもなく、ひとつしかないからです。

真理としては、僕たちはどデカい宇宙の中で塵のカスみたいな、宇宙の片隅のゴミのような存在です。ただ自分から見たら、世界というのは自分を中心に回っているものでいいのです。そう考えないとすべてを人のせい、社会のせい、環境のせいにして、自分と向き合うことから逃げてしまうことでしょう。そのため、「僕の人生、僕の責任で僕のためだけにすべて回っています」と意識することは間違いではありません。「お前、世界の中心だと思っているんじゃやねえの?」と言われてしまうのは配慮が足りないだけで、「はい、僕は自分を世界の中心だと思っていますよ」と僕なら胸を張って言うことができます。**それは自己中心的という意味ではなく、僕は自分主体で生きていますよという意味です。**

世界のいろいろな問題に干渉する行動というのも、自分をど真ん中の軸に置いた上で世界を広げていくということで間違いありません。何が起きても、自分というのはひとつしかいないので、それを隅に置いたら人生の意味がありません。

僕が嫌いなのは、「〇〇のために」という言葉。家族のために、仕事、会社のために、社会のために――言葉としては自己犠牲の精神で美しいのですが、考え方としては行動の主体となる真ん中に自分以外のものを置いて、自分を脇によけています。

そうではなくて、自分がまずど真ん中にあって、優先順位が高い順に輪ができていなければおかしいと思います。「家族のために」もいいと思いますが、自分あってこその家族であり、家族を最優先するのは違います。あくまで自分の人生の主体、中心は自分なので、自分の世界は自分のものだということは意識していましょう。

力点を変えるだけで世界の回り方も変わる

多くの人は、自分を隅に置きたがります。そのほうがラクだからです。そのため、隅から斜に構えて世の中がああだ、社会がどうだと見ているから、負け犬の遠吠えのようになってしまいます。もし世の中に悪いと思っていることがあるのだったら、自分が干渉しにいけばいいですし、社会を変えたいと思えば政治家になればいいだけです。

だから力点を変えるだけ――つまり自分から何かをやったり、行動を変えるだけで世界の回り方が変わっていきます。世界に干渉していくこともそうです。

自分に力が本当はあるのにないと思っているから、社会が悪い、政治が悪い、環境が悪いと文句を言うのです。そう思うのであれば、自分がその世界に突っ込んでいって、ちょっと動くだけで周りの動きが変わっていくはずです。

これは大げさな話ではなくて、例えばある程度の拡散力を持った僕が、偏った主義主張を言い始めたら、周りもある程度はそちらに染まってくるということは起き得ることです。

自分がこうしようと思うと世界が変わるし、見方が変われば、貧乏神ゾーンにも福の神ゾーンにも突撃することができます。実は世界自体は何も変わっていないので、大事なことは、自分の置き場を変えることだけです。

つまり、体重移動をして力点を変えるだけで、見えてくる場所が変わってきます。それと同じように自分の考え方をどこに置くかで、違う世界が見えてきます。**はたから見ると何も変わっていないのですが、自分からは周りが全部違って見えてきます。**

自己中というのはすべてが悪いわけではありません。自分の人生の主役は自分しかいないのですから、どこに進んでいくのか、目的地も力の入れ方も自分で決めていくものです。

自己中心的というと悪い言葉のように扱われますが、それは他人に迷惑を掛けるから悪い意味となります。公道すべてを自分のもののように考えて、自分が気に食わない運転をする人間を見つけてはあおり運転をするような人は、まさに悪い意味の自己中です。

そうではなくて、「自分が主体的である」という考え方であれば、自分が気持ち良く生きていくために、ちゃんと自分の周りの環境を整えて、困っているところは助けて、自分の居場所は全注力して守って……と、世の中に干渉していくことになります。すべては自分を中心に考えてのことですが、結果的に世の中がより良くなることに寄与していきます。

だから、自分勝手とは違います。**人生の主人公はあくまで自分なのですから、自分のために世の中をちょっとだけマシにするという考え方でもいいのです。**

人生を楽しむ

今あるモノに感謝する

貧乏神と長く暮らしていて、「俺って何なんだろう？」とか「どうせ俺なんかダメなんだ」と思っている時は、まったく周りが見えていないので、親や家族、恋人、仲間、友達などへの感謝の気持ちを忘れてしまいます。「どうせ俺なんか……」と考えている時が実は一番自己中で、周りのことを考えることなどできないものです。

僕もそうでした。20代後半に病んだ時だって、親がいてくれて、ずっと付き合っていた彼女も支えてくれていたのに、自分のこと以外は何も考えられなくなって、その存在のありがたさに気が付くことができませんでした。

今は家族はもちろん、自分の周りの仲間だったり、自分が置かれている環境に対しても、本当に「ありがとうございます」という感謝の気持ちでいっぱいです。

「いつも皆さん、お世話になっております。ありがとうございます」という気持ちは一番大事にしなくてはいけません。

世の中を見渡すと、すごい偉い人でも、余裕がある人と、常にピリピリしている人がいます。ピリピリしている人は、それは仕事上だけなのかもしれませんが、部下を怒鳴ったり、取引先の不平不満をみんなの前でぶちまけたりして、マイナスオーラ全開です。

そういう人は、仕事というものはひとりでできるわけではないという基本中の基本を忘れ、周りへの感謝の気持ちも忘れているのでしょう。仲間や同僚だけではなく、家族まで否定する人というのは、たぶんその存在をありがたいとは思っていないのかもしれません。

そういう人は、やっぱり心の中の何かが欠けています。

これまで、世界の中心、主人公は自分自身だと確かに言ってきました。しかし、主人公というのは周りの助けがなかったら死んでしまってもおかしくない存在です。漫画だって、主人公の絶体絶命のピンチを救ってくれるのは、いつも仲間や友人、家族です。ロールプレイングゲームでも、宿屋があるからダメージを回復できるし、弱いモンスターがいるからレベルアップできるのです。

今は仕事ができる環境を整えてもらっているし、社会のインフラも発達しているので、僕は今の時代を生きることができて超幸せだと思っています。今あるもの、すべてにありがとうございますという思いがあるので、頭が変な方向に行くことがありません。この本に関しても、編集してくれる人、デザインしてくれる人、印刷してくれる人、売ってくれる人、もちろん買ってくれる人、すべての人に感謝です。

自由を手に入れる

僕は、20代後半の頃はずっと不満でした。「何でこうなんだよ！　なんで？　なんでこうなるの！」という感じで。周りからは僕に対しての不満しか出てこないし、「ありがとう」なんて誰も言いません。「これは俺の当然の権利だ」という主張ばっかりになって、ギスギスしていきました。

「仕事なんだから対価を払えばいいんだろ？　感謝したって金にならねえし」みたいな態度が透けて見えてしまうと、そんなヤツには誰もついていきません。ついていくのは、お金がある時だけです。

今の僕は、自分の周りで一緒に仕事をしてくれる人にはありがとうございますだし、いつもご飯を作ってくれるカミさんにありがとうございますだし、取材をしてくれる人にもありがとうございますだし、僕の本業の会社の人にもありがとうございますだし、僕を支持してくれている人にもありがとうだし……もう感謝の気持ちしかありません。こう自然に思えるようになってからは、仕事も人生も上手くいくようになりました。

最初の頃は、自分に言い聞かせて「感謝しなくちゃ」と思うようにしていました。でも頑張ってやっているうちに、自然にそうなってくるものです。

取引先の人が普段から何事に対しても「ありがとうございます」という感じで接してくると、それで嫌な気持ちになることはないはずです。それどころか、**この人のために何かしてあげようかなと思うのが普通です。それが人間の本能です。**

最初は〝いい人に見られるため〟の打算でも構いません。どこに行っても、何が起ころうとも、「ありがとうございます」と言えるように低姿勢でいようと思って続けていると、ちゃんと習慣となって身に着きます。

自分がど真ん中の軸となって世界を回しているという気持ちでいいのですが、その自覚は持った上で、周りのものに対しては感謝の意を持ち続けて「ありがとうございます」と言葉に出しておいたほうが気持ちはラクです。世の中はいい方向へ回っていくでしょう。

Column

てつの妖回胴中膝栗毛④

夢を追うなら、まず現実を見て目を覚ませ！

僕が「好きなことをやれ」というと、「僕もパチンコ、パチスロ大好きっす。今は仕事も何もしてないので自分もYouTube始めたいっす」という人、いっぱい出てきます。

もしもアドバイスが欲しいと言うのであれば、「今すぐに収入を得られる、かつ熱中できる仕事に就きなさい」というだけです。手取り10万円でも20万円でもいいですが、「夢を追う前に、まずは今すぐ生活基盤を整えなさい」――それだけです。

いい作品というのは、安定していないと生み出せないというのが僕の考えです。「やばい、今日の家賃の引き落とし、どうしよう？」と焦っている状態でみんなが面白がるものを作れるのか、あるいは日々の生活を心配しながらクリエイティビティを発揮できるのかというと、僕は無理だと思います。ゴハンも食べられずにお腹減ったままで、みんなを笑わせる企画を生み出せるかというと、僕にはできません。

そのため、まずは今、自分がやっている目の前のことに集中して、そこから何を得られるのかを考えて、その中で自分の価値を上げられるポイントを探してみるのがいいでしょう。それが一切ないのであれば、転職してもいいと思います。

ただし、どんなつまらなそうな仕事にでも得るものはいっぱいあるはずです。「ない」のではなく、「気付いていない」可能性のほうが高いでしょう。

スティーブ・ジョブズさんは「ハングリーであれ、愚か者であれ」と言っていますが、僕はハングリーだとあまりにエキサイティング過ぎて性に合いません。僕は少し満ちているくらいの状態がいいと思います。

自分の中で何かが欠けていることが動力につながるという人も当然いるでしょう。それこそハングリー精神だと思いますが、僕の場合はそれがモチベーションになることはないのです。

僕の人生を振り返ってみても、最初にパチンコ・パチスロのメーカーで開発のお仕事をやっていて、そこからは本当にお金目当てだけの仕事を経験してから、今のＩＴ系のシステム開発の仕事にたどり着いています。その間にアルバイトで接客までやっていましたから、その中でメチャクチャいろんなものを吸収してきました。

人によっては、つらいだけで無駄な経験だったとか、遠回りだと言うかもしれませんが、お金はもらっていましたからね。毎日が始発から終電まで働かされるようなあまりにもブラックな環境だったら確かにきついですけど、そうであれば逃げればいいだけです。

だから、「まずは現実1回見ましょう」というのが、ユーチューバーになれば何とかなる、世界を変えられると勘違いしている人に贈るメッセージです。「夢見てないで、1回目覚ませ！」という張り手を一発かましてあげますよ。

大当たりするよりも、再現性のあることを

中には、何も考えずに作った動画を発信したら大当たりしたという人もいるでしょう。ただ、それは目隠ししたままバッターボックスに入って、来た球を打ったらたまたまホームランになっただけで、再現性はありません。もし事業化していく、収益化を目指すことが視野に入っているのなら、再現性があることがすべてです。

では、どうしたら再現性を発揮できるのか？　それが「自己投資」で磨いてきた部分で

す。自己投資をして来なかった人には再現性がありません。

「一発目はたまたま上手くいった。じゃあ二発目は？　次の事業は？」となった時に、まったくの白紙。何も思い付かないからといって、一発目と同じようなことをやってしまうと、誰からも見向きをされなくなります。

「一発屋さん」なんてよく言われますが、その人が別に悪いのではなくて、運が良かっただけです。発信した時点で一種の「投資」ですから、自分の実力以上の値を付けてたまたま爆上がりすることもあるのです。

ただ、爆上がりしたものが実力のすべてではないですし、時の運もあるので、爆上がりした値に対して実力が伴っているのかどうかは先々わかることです。

一発屋で当てるというのは、「ひっそりお金配りおじさん」から１００万円をもらうのと同じです。もしかしたら天から降ってきたお金で買った株がたまたま急騰して億り人になることはあるかもしれませんが、もう一度やれといわれても不可能です。二回目はありません。

ただし、自己投資してきた人なら、1回全部なくしても、何回も再現できるはずです。

経験もスキルもあるし、その人の中に価値が備わっていますから、何度でも立ち上がることができるのです。

ここが薄っぺらな人は、1回つぶれると先がありません。違う言い方をすると、最初からホームランを狙うのではなくて、まずはコツコツやりましょうということになります。

プロ野球でいうと、プロ入り初打席で満塁ホームランを打ったはいいけど、その後は鳴かず飛ばずの選手と、7割は失敗しながらも3割はヒットを再現していく選手では、後者のほうが断然ニーズがあるでしょう。

ただ、早めにブレークしてしまった人でも、自分の実力と評価がかい離している状態を正確に把握できる人というのは、その後も上手くいきます。

例えば、子役として人気が出ても、成長するにしたがって消えていくパターンがほとんどですよね。その中でも、「自分の需要って寿命があるぞ」と自覚している人は、例えば芦田愛菜ちゃんのように、成長してきても息の長い活躍をできる傾向にあります。

子役でボンとブレークした人というのは、『ホーム・アローン』のマコーレー・カルキンの例を出すまでもなく、**自分の価値と実力がかい離し出した場合にだいたいおかしくなってしまいます。**子どもはどんどん成長していきますから、かわいい子どもの役をもう一度やれと言われても再現性がないのです。

子役に求められていたものは、ミニサイズで、子どもで、かわいくしゃべれてという価値だったのですが、残酷なことにそれは時間経過とともに失われていくので、それを別の価値に変換していこうと考えなかった人は消えていきます。

それは一発屋芸人さんも同じです。それが再現性のある実力なのか、たまたまぶっ放したネタが大受けしただけなのかということによっても変わってきます。でも、一発屋さんは一発打てるだけの実力があったということですからすごいと思います。一発も当てられない人が山ほどいますから。

そういう視点でギャンブルを考えると、パチンコでも競馬でも大当たりした時の再現を求めて、資金をどんどんつぎ込んでいっていることになります。

つまりギャンブルというのは、再現性を求めて再現性のないことをしているということになります。

「ウケる!」と確信したシーンがカットされていることも

僕がオンラインサロン『遊び人のギルド』を有料にしているのは、そこで儲けるためではありません。無料にしてしまうと、ＴｗｉｔｔｅｒやＹｏｕＴｕｂｅ同様、匿名の状態で誰でも彼でも発信できてしまう状態になってしまうからです。

そうすると、誰かが何か言った時などの反対意見がえげつない表現になったりします。「それは違うだろ、ボケ」とか「おまえ○ね」などの言葉が飛び交ってしまうのですが、有料にしておくだけで平和を維持することができます。

有料、といっても数万円ではなく2200円ですけど、そうしたハードルをひとつ設けるだけで治安が素晴らしく良くなります。反対意見がある時にも、ちゃんと代案を言って議論するといったように、わりと人間らしい付き合いができる空間にはなっています。

文章量に制限がないですし、動画も上げられるので、言いたいことはほぼそこで全部言えています。

無料で表向きに今やっているYouTube番組『てつの妖回胴中記』上では相変わらずヒールを演じて発信しています。

でも、サロンの中の人たちに対して僕はヒールをやる必要がないので、今までは1GAMEの一緒にやっているメンバーにしかネタばらしをできなかった裏話まで全部してしまうというように棲み分けています。

僕もそれで少し気がラクになっているところはあります。あと、サロンは秘密厳守の空間ということが前提なので、ここでは書けないような話もしています。

1GAMEのてつとしては、過去に上手くいったやり方が必ずしも〝今〟に通用するとは限らないということを自覚しています。

YouTubeの成功ノウハウみたいなものは、完全には変わってはいませんが、少しずつ変わってきてはいるので、ちょこちょこアップデートしていかなければいけません。これが正解というのはありませんので、常に自己投資してネタを探しています。

今は編集作業を若手に完全に任せています。撮影現場で一生懸命しゃべって、「これは手応えあり！」と思ったシーンでも、ばっさりカットされることもたまにあります（笑）。少し悲しいですけど、僕以上に編集員のほうが経験は長いですし、今の若い人たちの感性を信じています。

ただ、僕も成長していかないといけないので、どうして使われないのかは聞きますけど、筋が通っていれば全然カットされても問題ありません。

でも、カットされて落ち込んだ顔をしているんですかね、フォローしてくれる時もありますよ。「前後のリズムの関係でカットしましたが、しゃべり自体は面白いんで、未公開シーン集に回しますね」みたいに（笑）。

やっぱり1時間番組を通しての全体でのバランスというものがあります。わかっているのは現場、編集して番組を整えている側なので、そこは信頼して任せています。

生きている目的は——「自由」になるということ！

仕事をするのも、投資をするのも、結局のところ、最終的には自分がやりたいことをできるようになるのがすべてです。この章で、福の神を増やし、維持して、育てるノウハウを書いてきたのは、それを実現してもらうためです。

福の神を育てることができたら、時間も人一倍使えるようになってきて、しかもお金という武器も山ほど手に入るようになります。

それこそ武器庫が必要なくらいのレベルになります。

時間とお金という武器を手にしたら、自分がやりたいようにできるのは当然です。ある日、突然どこかの国に行っても困ることはないでしょう。逆に、できないこと、制限されることがいっぱいある状態というのは苦しいものです。

一方で、自分の意志で前にも後ろにも、右にも左にも行けるというのはすごくいい状態です。行く、行かないはすべて自分次第です。

もちろん、時間やお金に制限があればなかなかできないことですが、**投資してきたことによって自分のいろんな資産が膨らんでくると、行動範囲が凄まじく増えていきます。協力してくれる人も増えて、使う実弾（お金）もあるというのは、どこでも行ける状態になるということ。**それが、たぶん僕は最終型なのではないかなと思います。

やりたいけど、できない――そういう状態が続くのは嫌だと思いませんか？　その気になったら何でもできるというのが、僕はベストな状態だと考えます。

そのようなことは、お金持ちになることが夢だった時には考えてもいませんでした。お金があれば何でもできると思ったら、実はそうでもないとわかった20代後半。信用がなくて、ついてきてくれる人もいない状態では、ただお金があっても、やりたいことはできないのです。

人がいるからできることもあるし、お金があるからできることもある。時間があるからできることもあるし、コネクションがあるからできることもある。やりたいことをできる状態にするためには、必要なものは山ほどあるのです。

でも、本書の2章と、最後の4章で述べたことを実践していけば、それらが自然とそろってきます。

例えば、持続化給付金詐欺のような犯罪に手を染めてお金を儲けたからといって、それで何でもできるのかといったら、そんなことはありません。

確かに物を買うなど、お金で交換する作業はできるかもしれませんが、その人が困った時に助けてくれる仲間はいるでしょうか？

「お前のために一肌脱ごう」という人はいるでしょうか？

地道なことをやろうとしても、ついてきてくれる人はいません。そうしたら、その時点で行動に制限がかかっていることになります。

一方で、毎日毎日、ずっと馬車馬のように働いて、寝る時間を惜しんで、副業もただ単価を上げるだけの副業をして、仮に年収1000万円に届いたとしましょう。その場合、何かしたいことがあっても、「時間がねえ、時間がねえ」と口癖のように言っている人であれば、時間制限の壁にぶつかっていることになります。

ということは、何の壁もない状態、つまり「自由」という状態を目指すのが人生の一番の目的ではないでしょうか。

僕もそこをずっと目指していて、今はまだ制限はいっぱいありますけど、これから自分の制限を取っ払っていくのが目標です。

あなたの人生においては、主役はもちろんあなたです

僕の一番の制限は顔バレです。昔は普通にフラッとパチンコ屋さんに遊びに行けたのが、今はメークをしていなくても見つかることもあるので、行きにくくなりました。だから、僕は表から存在を消すことによって、その行動を自由にしていきたいと考えています。

芸能人も同じですけど、有名人になってしまうと行動範囲が急激に狭くなってしまうものです。わざわざ高いお金を払って、会員制のお店ではないとゆっくり食事もできない……そんな感じに制限されます。

有名になればなるほど、ちょっと悪いことをしただけで、えらい騒ぎになりますしね。そういう意味では、存在としては一般人になるのが一番です。

それは可能かというと、僕の場合はメークを取れば何とかなりそうですが、それでも多くの媒体に顔をさらしていますから難しい面もあります。

ただ、有名であることと影響力を持つことは必ずしもイコールではないので、そこは上手くバランスを取っていきたいと考えています。

アメリカ大統領なら、SPなしで自由に行動なんか絶対できませんけど、そこまでじゃ

ないですからね。

今は行きたい時に行きたいところに行ける自分を目指しています。

結局、お金を得たところでやりたいことがないのであれば、本当に意味がありません。

僕がそのことを理解したのは、実際にお金持ちになってしばらく経ってからのことでした。お金を持ったところで心に後ろ暗いところもいっぱいあるし、自分の居場所も特に見つけることができないまま、苦しい時間が続きました。

確かにいいものを買えるけど、それは瞬間的なもので、心の幸せタンクが満たされるわけではありません。

いいものを持って、豪華な店で飯食って、リッチな旅行をして……といっても、それだけです。

「じゃあ、俺は何なの？　お金持っている俺、何なの？　価値が俺自身じゃなくて、持っているお金にあるだろう、これ」という状態でした。

だから、やはり最初に戻ってしまいます。

自分に価値がある状態になってくると、お金は自然に後から付いてくるものです。お金だけが光り輝いている状態だと、お金は持ってはいても、自分の価値が高くなったわけではないことが身につまされます。

お金自体は価値の本質では全然ないので、まずはそこに気が付かなければいけないのですが……これも、持っていないとなかなか気付けないことなんですよね。

お金があれば、確かにできることは増えます。しかし、あなたの人生において、主役はお金ではありません。

主役はあくまで自分自身。お金を主役にしないようにしてください。

あなたの人生においてはあなたが主役、僕の人生では僕が主役。一番価値があるのはあなたであるし、僕です。

自分が主役だからこそ、夢に挑戦しないといけません。

本書でこれまで述べてきた通り、時間というのは後になればなるほど価値が上がってくるもので、限りがあるものですから、自分がやりたいことを全部やってからあの世に行きましょう（笑）。

おわりに

本章を最後まで読んでいただき、ありがとうございました。

この本を手にした時とは、心構えや考え方に変化はあったでしょうか？

僕は、時間やお金という資産は「武器」であると言ってきました。

何のための武器なのか？　それは、**自分が「自由」になることを阻害してくる制限をぶっ壊すための武器です**。生きていると、いろんな制限が襲いかかってきますから、それをまたぶっ壊していく武器もどんどんアップデートしていかなくてはいけないのです。一回手にしたらそれで終わり……というものではないのは、本書を読み終えた方ならご理解できると思います。

ただ、この武器というのが目に見えるものではありません。それを、自分でまずは作っていって、育てていくというのが人生であり、自由への道なのかもしれません。

いろいろと偉そうに語ってきましたが、僕もまだ成長の途中です。全然、途中です。やっと、福の神の育て方——この考え方でいい習慣を付けていけば、この先にいいことが待っているだろうというのがわかったレベルです。ようやく「あ、この道だ」というのを見つけて一歩入ったぐらいで、福の神を育て中です。

究極的には悟り開いてしまって、いつの日か「もう何もいらない」という状態になるのかもしれませんね。

だから、いきなりこの本の4章を見て、福の神を育てようと思ってもダメなんです。2章に書いてあることを実践して、3章の項目を避けていけばいいのです。段階を踏んでいくということが重要ですよね。

お金も含めて、資産としてたまった武器の使い方もすごく大事です。それは、僕もこれから学んでいかなければいけない部分です。

慈善活動もこれからどのようにやっていくのか、僕も入門者なので、どういうところに、どういうものがあって、どのような分配をするのが正しいのかということは勉強していかなければいけないと考えています。

今はそうした段階にいますが、ここでやっていることは、自分でやっていて気持ちの悪いことは何ひとつとしてありません。

ボランティア活動に関しても1年生ですから、これからいっぱいやっていかなければいけないと思いますが、たぶん進む方向としては間違っていないので、皆さんの期待を裏切らずにいい方向に進んでいけたらと思っています。

さて、この本を執筆している間に、嬉しいニュースが飛び込んで来ました。**僕が主宰するオンラインサロン『遊び人ギルド』が、DMM ONLINE SALON AWARD 2020「オンラインサロン大賞」に選ばれたというのです。**

これは、総数700を越えるDMMオンラインサロンの中から、もっとも熱いサロンや、そこから発生した魅力的なプロジェクトを称える賞です。

大人になってからというもの、賞をもらうような人生を歩んで来ませんでしたので、純粋に嬉しく思います。

受賞の理由は、多くのサロンがどちらかというとオーナー側からの一方的な配信や、イベントの告知を中心に運営されている中で、『遊び人ギルド』はオーナーとメンバーが一体となってコミュニティーを作っていることが評価されたと聞きました。

アクセスやコメントの多さなど、サロンが活発に活用されたことが客観的に数値で認められたのだそうです。ボランティア活動が評価されたのも嬉しいですね。

一方、2020年は新型コロナウイルス感染拡大のため、本当はやりたかったプロジェクトがなかなか進められなかったというのが正直なところ。それでもメンバーの皆さんと僕とで、わいわいがやがやアクティブに交流してきたことが受賞の理由になったのですから、これは僕にとって自分だけの受賞より嬉しいことです。

まさに、皆さんのお手柄、皆さんと一緒に獲った賞。栄誉の99・8%はメンバーの皆さんのおかげ、0・2%は僕のおかげでしょうか（笑）。

この本を読んで『遊び人ギルド』に興味を持った方は、この本の中にサロントップ画面にジャンプできるQRコードがあるのでよかったらちょっとのぞいてみてください。

そんな『遊び人ギルド』だけでなく、YouTubeチャンネル『1GAME TV』など僕が手がけるすべてのメディア、すべてのプロジェクトを、これからも皆さんと一緒に楽しいものにしていきます。

いつも支えてくださる皆さんに心から感謝します。

さあ、一緒に「福の神」を作っていきましょう。

2021年1月吉日　てつ

てつ ユーチューバー／1GAME代表

パチンコ・パチスロ業界を盛り上げようという集団「1GAME（ワンゲーム）」の代表。自身が出演する『妖回胴中記』（YouTubeチャンネル）は、1動画あたりの月間平均再生数50万を超え、チャンネル登録者数は約56万人を誇る（2020年12月現在）。また、初の著書『パチスロ馬鹿が動画配信を始めたら再生回数が1億回を超えました』（小社刊）がAmazon書籍ランキング総合1位を獲得。さらに、自身が運営するオンラインサロン『遊び人ギルド』が「DMM ONLINE SALON AWARD 2020 オンラインサロン大賞」を受賞するなど、その活動の場を広げている。

YouTube
1GAME TV パチンコパチスロ実践動画

1GAME 公式HP
http://slot-1game.com/

Twitter
てつ@1GAME【妖回胴中記】
@tetsu0722

オンラインサロン
『遊び人ギルド』
https://lounge.dmm.com/detail/2326/
↓

パチンコ・パチスロ業界の風雲児

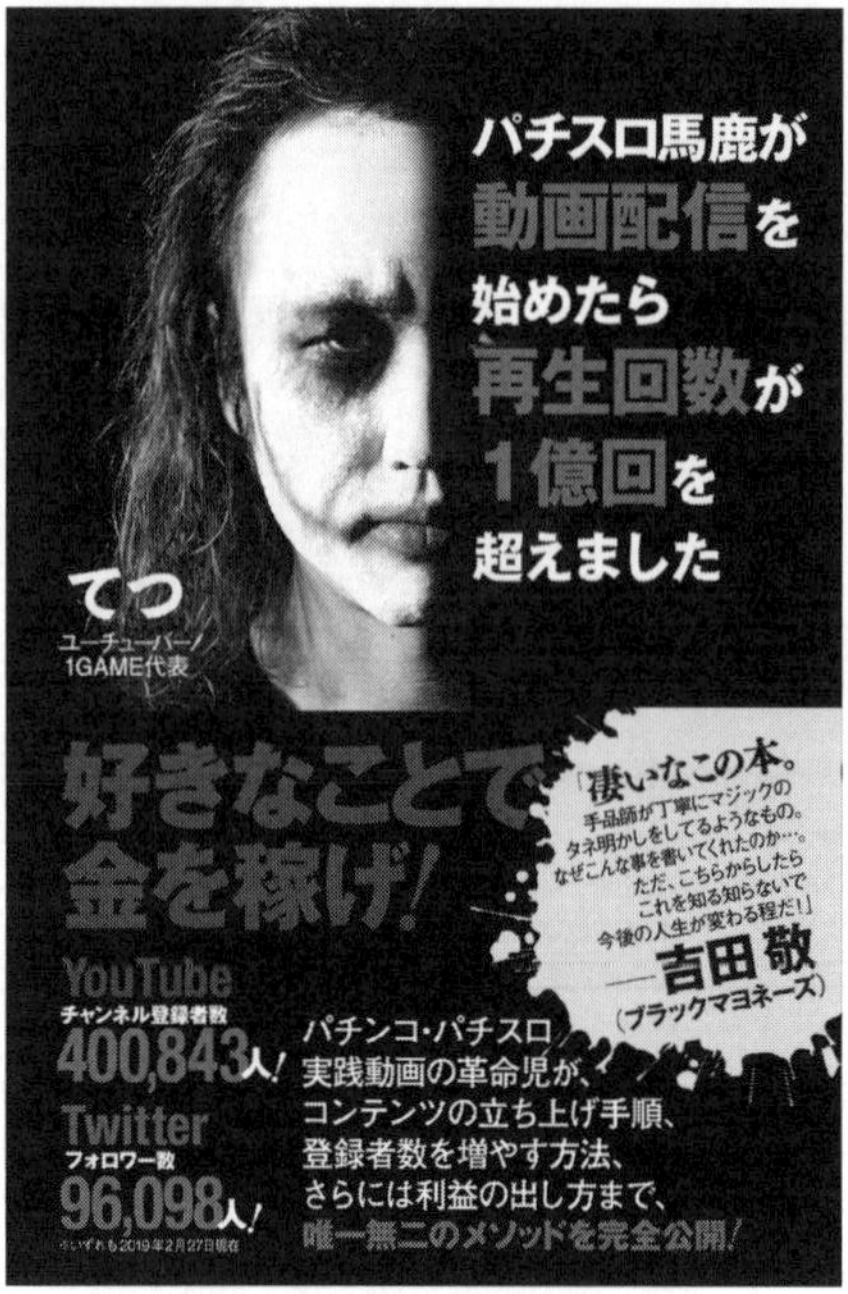

パチスロ馬鹿が
動画配信を始めたら
再生回数が１億回を超えました

てつ 著

Amazon「本」売れ筋ランキング総合１位を獲得！
パチンコ・パチスロ実践動画の革命児が、
コンテンツの立ち上げ手順、登録者数を増やす方法、
さらには利益の出し方まで、唯一無二のメソッドを完全公開！

福の神の作り方

パチスロ馬鹿が教える
お金不要の投資と貯蓄

著者　てつ（1GAME代表／ユーチューバー）

2021年1月30日　初版発行

イラスト　天草ヤスヲ
装丁　森田直／積田野麦／佐藤桜弥子（FROG KING STUDIO）
校正　玄冬書林
構成　中野克哉
取材協力　若林優子
編集協力　菅野徹
編集　岩尾雅彦（ワニブックス）
Special Thanks　オンラインサロン『遊び人ギルド』メンバー

発行者　横内正昭
編集人　青柳有紀
発行所　株式会社ワニブックス
〒150-8482
東京都渋谷区恵比寿4-4-9えびす大黒ビル
電話　03-5449-2711（代表）
03-5449-2716（編集部）
ワニブックスHP　http://www.wani.co.jp/
WANI BOOKOUT　http://www.wanibookout.com/
WANI BOOKS NewsCrunch　https://wanibooks-newscrunch.com

印刷所　凸版印刷株式会社
DTP　株式会社 三協美術
製本所　ナショナル製本

ISBN 978-4-8470-9999-1